民办高校治理现代化研究丛书

民办高校教师专业发展动力研究

周海涛 钟秉林 / 主编

马艳丽 / 著

长江出版传媒 | 湖北教育出版社

图书在版编目（CIP）数据

民办高校教师专业发展动力研究 / 马艳丽著；周海涛，钟秉林主编 . — 武汉：湖北教育出版社，2023.12
（民办高校治理现代化研究丛书）
ISBN 978-7-5564-5967-4

Ⅰ . ①民… Ⅱ . ①马… ②周… ③钟… Ⅲ . ①民办高校 — 师资培养 — 研究 — 中国 Ⅳ . ① G648.7
中国国家版本馆 CIP 数据核字 (2024) 第 011532 号

民办高校教师专业发展动力研究

MINBAN GAOXIAO JIAOSHI ZHUANYE FAZHAN DONGLI YANJIU

出品人	方　平		
责任编辑	许　梅	**责任校对**	李庆华
封面设计	李　枫	**责任督印**	刘牧原

出版发行	长江出版传媒	430070	武汉市雄楚大道 268 号
	湖北教育出版社	430070	武汉市雄楚大道 268 号
经　销	新　华　书　店		
网　址	http://www.hbedup.com		
印　刷	湖北新华印务有限公司		
地　址	武汉市硚口区长风路 31 号		
开　本	710mm × 1000mm　1/16		
印　张	13.5		
字　数	187 千字		
版　次	2023 年 12 月第 1 版		
印　次	2023 年 12 月第 1 次印刷		
书　号	ISBN　978-7-5564-5967-4		
定　价	48.00 元		

高等教育强国建设的文化底蕴（代序）

周海涛

党的二十大明确提出中国式现代化的使命任务，开启了现代化的新篇章。在迈上全面建设社会主义现代化国家新征程、向第二个百年奋斗目标进军的关键时刻，优先建设高等教育强国，以高等教育现代化支撑国家现代化，是中国式现代化的题中之义。在世界高等教育的发展史上，现代化对一个国家高等教育改革发展有决定性作用。我国是后发国家，建设高等教育强国，要全面贯彻党的教育方针，落实立德树人根本任务，既要借鉴各国高等教育现代化的共性，更要彰显基于我国国情的特性，尤其要同中华优秀传统文化相结合，凸显独有的文化底蕴，创造高等教育现代化的新形态。

“有教无类”。高等教育支撑全体人民共同富裕的现代化，凸显着我国历史“立己达人”的文化传统，摆脱了西方现代化带来的发达国家与发展中国家之间以及国家内部的贫富差距局限。推进高等教育强国建设，传承我国古代的思想家教育家孔子“有教无类”思想，超越近代一些西方国家确定人人受教育机会平等的做法，既保障平等的受高等教育的机会和条件，也确保人人平等的受高等教育的权利和义务，并努力促进高等教育效果的相对均等。持续推进高考招生改革，完善高校管理和教育评价体系，全方位推进高等教育的起点公平、过程公平和结果公平。着力造就拔尖创新人才，努力培养造就更多大师、战略科学家、一流科技领军人才和创新团队、青年科技人才、卓越工程师、大国工匠、高技能人才。

“德才兼备”。高等教育支撑物质文明和精神文明相协调的现代化，凸显着我国历史“安身立命”“富而好礼”的文化底色，摆脱了西方现代化带来的知识与信仰之间的巨大矛盾及其引起的信仰道德危机。推进高等教育强国建设，传承我国教育史上培养“德才兼备”“君子”的思想，超越西方国家一些高校偏重科学教育抑或偏重人文教育的做法，培养德智体美劳全面发展的社会主义建设者和接班人。坚持为党育人、为国育才，全面提高人才自主培养质量，引导大学生爱党报国、敬业奉献、服务人民。引导大学生认真学习和了解祖国的历史尤其是近代以来的历史，从中华民族站起来、富起来、强起来的历史进程中认清中国共产党和中国人民选择中国特色社会主义道路的历史必然性，探究人民在这一进程中所形成的强烈的民族自尊心、自豪感。自觉将自己的人生理想、职业理想同共产主义远大理想和中国特色社会主义共同理想统一起来，在服务人民、奉献祖国、实现中华民族伟大复兴中国梦的历史实践中实现自我价值，用实际行动践行“四个自信”。

“中和位育”。高等教育支撑人与自然和谐共生的现代化，凸显着我国历史“天人合一”的文化传统，摆脱了西方现代化在经济高速发展中对自然的巨大破坏的瓶颈。推进高等教育强国建设，传承我国儒家经典《中庸》的“致中和，天地位焉，万物育焉”以及“安其所”“遂其生”的理念——即“中和位育”思想，超越西方国家高等教育教学中一些绝对化、碎片化、极端化的做法，提供与良好的生态环境和社会持续发展相适应的高等教育正能量。确立“创新、协调、绿色、开放、共享”的新发展理念和人与自然和谐共处的基本方略，统筹职业教育、高等教育、继续教育协同创新，加强人才自主培养、科研自立自强、学科队伍建设的创新，持续协调高等教育的区域布局、结构比例和供需匹配度，强化自身内涵式发展和生态文明教育与实践的正向循环，把握国内国际两个大局、建设中国特色世界一流的高等教育体系，坚持人民至上的根本要求，彰显共建共享、提供惠及全民的优质教育服务，进一步优化高等教育内外生态环境。

“美美与共”。高等教育支撑走和平发展道路的现代化，凸显着中国历史“天下一家”的文化传统，摆脱了过去西方依靠战争、扩张实现现代化的老路。推进高等教育强国建设，传承我国数千年的历史实践中创造和延续的“天下”情怀，儒家的“大道之行，天下为公”的理想、法家的“以天下之财，利天下之人”的主张以及道家的“天下大同”“以和为美”的境界，古人一以贯之的“美美与共”文化逻辑，超越了西方一些国家高等教育领域的西方至上、其他国家高校低人一等的价值观以及设置“小院高墙”的做法，以更加包容和开放的心态来共建高等教育共同体。探索并发挥世界高等教育现代化进程中每一种模式的重要角色，发挥独特的作用，努力将古老的中华文明在新时代通过创造性转化和创新性发展在高等教育领域得到继承和弘扬，也与世界各国高等院校交流互鉴、交融合作，处理好古今中外的辩证关系，做出承载全人类共同价值的高等教育贡献。

（作者系北京师范大学教育学部教授）

序

当前，我国教育步入新发展阶段，人民日益增长的对优质教育资源的需求与教育发展不平衡不充分之间的矛盾日渐凸显，面对人才培养的未来形势和现存问题，民办高校在推进教育现代化进程中大有可为。如何激发民办高校教师专业发展动力，提升民办高校教师专业发展水平，是培养和造就高素质专业化创新型教师队伍的时代要求。当前，理论研究者和民办高校管理者就促进教师专业发展的重要性和必要性已经达成广泛共识，《中华人民共和国民办教育促进法》《中华人民共和国民办教育促进法实施条例》及《中共中央 国务院关于全面深化新时代教师队伍建设改革的意见》，也重申了民办学校教师的同等法律地位和专业发展的重要性。

本研究基于场动力理论和自组织理论，通过对浙江、河南、山西和宁夏4个省（自治区）7所民办高校共1677名教师的问卷调查和非结构性访谈，提出了提升民办高校教师专业发展动力水平的基本思路，拓展了教师专业发展研究的视角。尝试构建了教师内在动力、组织支持动力和社会支持动力3个一级维度；客观分析了民办高校教师专业发展动力的现状和不同教师群体间的差异，剖析了影响教师专业发展动力的内外部因素，较全面客观地揭示了民办高校教师专业发展的现状。发现了民办高校教师专业发展动力存在教师专业发展自觉反思不够、科研效标达成不易、学术研究动能不足等9个方面问题，并有针对性地从引导教师加强自觉反思，激发教师内在原动力；建立专业发展自主培养机制，提升教师学术研究行动力；搭建教师科研能力提升平台，全方位强化学术支撑等9个方面提出提升民办高校教师专业发展动力水平的策略。

目　录

绪　论

激发民办高校教师专业发展动力，提升民办高校教师专业发展水平，是培养和造就高素质专业化创新型教师队伍的时代要求。当前，理论研究者和民办高校管理者就促进教师专业发展的重要性和必要性已经达成广泛共识，2021 年修订的《中华人民共和国民办教育促进法实施条例》及 2018 年颁布的《中共中央 国务院关于全面深化新时代教师队伍建设改革的意见》，也重申了民办学校教师的同等法律地位和专业发展的重要性。本研究综合问卷调查和非结构性访谈结果，深入剖析民办高校教师专业发展的现实状况、根本诉求及深层次影响因素，在此基础上提出提升民办高校教师专业发展动力的主要策略。

第一节 民办高校与教师专业发展动力

一、民办高校

依照相关政策法规，本研究将“民办高等学校”（简称“民办高校”）界定为：国家机构以外的社会组织或者个人，利用非国家财政性经费，依照国家和当地教育行政部门制定的高等学校设置标准，面向社会举办的高等学历教育机构（不含独立学院和中外合作办学高校）。

二、教师专业发展

梳理文献发现，教师专业发展相关研究经常出现以下几个相近的概念：教师发展、教师专业化以及教师专业发展。学者针对其各自的内涵给出了不同的见解。

关于教师发展，比较有代表性的观点主要有三个。第一个是由美国学者盖夫（Jerry G. Gaff）在1975年提出的，他认为教师发展是指提高能力、扩展兴趣、胜任工作，从而促进教师专业与个人发展的过程。[①]第二个代表性的观点是美国教育联合会（NEA）在1991年提出的，即教师发展包括个人发展、专业发展、教学发展和组织发展。[②]第三个代表性的观点由潘懋元先生提出，即教师发展包含教师的学术水平、教师职业知识和技能、师德三方面内涵。[③]可以看出，教师发展是一个涵盖范围很广的概念，是教师专业、知识、技能等综合能力不断提升的过程。

教师专业化概念中，教师是一种专业，由此需要回答教师专业是什么，它的构成要素有哪些。教师专业化与教师专业发展两个概念既有联系也有区别。它们的联系在于，二者均认为教师专业性需要一个提升发展的过程。它们的区别在于，教师专业化突出整体性，体现的是外在的、群体性的教师专业水平提升；而教师专业发展强调个体性，是教师内在的专业性提升。当前研究更多聚焦在教师专业发展研究上。[④]

教师专业发展有几种代表性概念界定：克劳德（Mathis B. Claude）等认为，高校教师专业发展更多地侧重于为促进高校教师个人专业能力发展，在特定的院校中完成各种任务的项目、活动、实践和策略。[⑤]博伊斯（Robert Boice）认为教师专业发展就是提高教师教学能力。[⑥]朱旭东认为，教师承担着一个国家的教育教学工作，这种工作是专业的工作，包含教会学生学习、

---

① GAFF J G. Toward faculty renewal: advances in faculty, instructional, and organizational development [M]. San Francisco: Jossey-Bass, 1975: 14.

② 林杰. 大学教师专业发展的内涵与策略 [J]. 大学教育科学, 2006 (1): 58-60+76.

③ 潘懋元. 大学教师发展与教育质量提升：在第四届高等教育质量国际学术研讨会上的发言 [J]. 深圳大学学报（人文社会科学版）, 2007 (1): 23-26.

④ 朱旭东. 教师专业发展理论研究 [M]. 北京：北京师范大学出版社, 2011: 281-319.

⑤ MENGES R J, MATHIS B C. Key resources on teaching, learning, curriculum, and faculty development: a guide to the higher education literature [M]. San Francisco: Jossey-Bass, 1988: 254.

⑥ BOICE R. Reexamination of traditional emphases in faculty development [J]. Research in higher education, 1984, 21 (2): 195-209.

育人和服务三个维度。[①]由此可见，教师专业发展是对教师教学能力、研究能力等方面的持续培养和提升过程，需要教师发挥主观能动性。

根据以上相关概念的界定，可以明确以下三点：第一，教师专业发展在专业发展概念范畴之内，教师专业发展为其中一个组成部分；第二，教师专业发展的内涵不同于教师专业化，应该明确二者的异同，即二者之间有一定的联系，但存在个体与群体、外部与内部的差别；第三，教师专业发展的内涵存在扩展趋势，由最初重点关注教师专业能力的发展扩大到更加关注教师综合素养、能力的提升。

三、民办高校教师专业发展动力

本研究将教师专业发展界定为：对教师教学能力、科研能力和社会服务能力的不断培养和提升过程。

《现代汉语大词典》和《辞海》对“动力”进行了界定，指出“动力”包含两方面含义：一是使机械做功的各种作用力；二是推动事物运动、前进和发展的力量。从动力产生的方式来划分，动力可以分为内源动力和外部动力。外部动力是有机体或系统本身受到外部因素的影响或刺激后产生的动力。动力不同于动机，通常来自有机体内部或外部的刺激引起人的需要，当需要达到一定程度，并有目标诱因的激发，需要就转化为动机，动机是直接推动人去行动以满足人的需要的动力。高校的管理者要提升教师专业发展的动力，要考虑教师个人的因素，更要厘清高校哪些外界因素能和教师发生作用，即哪些外界因素是影响教师专业发展动力，并发挥一定的功用的诱因。

民办高校教师专业发展是对民办高校教师教学能力、科研能力和社会服务能力的不断培养和提升过程。民办高校教师专业发展动力取决于民办高校

① 朱旭东．论教师专业发展的理论模型建构［J］．教育研究，2014（6）：81-90.

教师专业发展动力系统的协调统一，只有协调统一的民办高校教师专业发展动力系统才能促进其内外部动力相互作用，正向发展，共同促进民办高校教师专业发展。

因此，本研究认为民办高校教师专业发展动力是指助推民办高校教师教学能力、科研能力和社会服务能力提升的各种支持力量。教师专业发展的动力由多种因素组成，是多种因素汇集、不断博弈生成的促进教师专业发展的正向动力。

第二节　民办高校教师专业发展动力研究的理论基础

民办高校教师专业发展动力研究的理论基础为场动力理论和自组织理论。场动力理论认为行为的产生不仅来自有机体内部，还来自有机体所依存的环境。在研究民办高校教师专业发展动力时，需要明确环境是重要的影响因素。自组织理论认为自组织系统内部和外部相互作用、相互协同配合，能够自生产、自修复、自发展。在研究民办高校教师专业发展动力时，需要明确民办高校教师专业发展动力系统是一个开放的系统，要把握维持系统内部与外部平衡性的张力，通过协同和竞争两种效应为教师专业发展提供内驱力。

一、场动力理论

（一）理论要点

场动力理论由场论和动力理论构成。一个场就是一种动力的整体，或者说是一种关系和系统，其中任何一部分的变化都会对其他部分产生影响。也就是说，任何事物都不是孤立存在的，都是与其他事物相互作用的结果。勒温（Kurt Lewin）在此基础上提出了因果事实的关系性原则，认为刺激效应不仅取决于刺激本身，还取决于这一刺激周围事件的性质；解释行为的动力时，不仅要考虑有机体的内部因素，而且要考虑有机体所处的外部环境对其本身的影响。场动力理论的代表性观点主要有以下三点：

第一，任何一种行为都产生于各种相互依存事实的整体，而这些相互依存事实具有一种动力场的特征。① 行为是人与环境的函数，也是生活空间的函数。分析个体行为时，要充分考虑个体所处的场域，根据个体特征和环境分析影响行为变化的原因。勒温认为心理紧张系统是行为的动力本质，是人与环境之间各种力的作用结果。② 个体行为动力产生的原因在于追求个体心理平衡。

第二，从整体论的观点出发，改变群体的观念更有利于个体观念的转变。一个群体是不可分割的单位，是一个相互联系的动力整体。换句话说，群体的结构特征是由其内部成员之间的关系决定的，而不是由成员个体的性质决定的。因此，改变个体，首先要改变群体的价值观和行为准则，促使个体在压力的驱动下，将个人行为向着与群体一致的方向转变。通过改变群体而改变个体，比直接改变个体要省力得多。勒温认为，每一个群体都有一种维持自己群体标准的固有倾向，这种固有倾向抵制着群体的任何变化；而引起群体变化包括三个步骤：一是解冻，打破和消除固有观念和标准；二是流动，学习新标准；三是重冻，确立新标准作为群体共同的标准。

第三，民主型群体气氛比较友好，成员之间能够团结协作、取长补短、相互促进、相互尊重。民主型的领导比专制型的领导更加温和，能够有效缓解团队气氛，促进团队成员彼此理解和友好，更易形成民主型群体气氛。③

总之，勒温提出需求所致的紧张系统是行为动力的源泉，开辟了行为动

① 勒温．人格的动力理论［M］．王思明，叶鸣铉，译．北京：北京理工大学出版社，2014：27-32.

② 申荷永．充满张力的生活空间：勒温的动力心理学［M］．武汉：湖北教育出版社，1999：36-37.

③ 叶浩生．西方心理学理论与流派［M］．广州：广东高等教育出版社，2004：254-269.

力问题研究的新理论。

（二）对本研究的启示

在研究民办高校教师专业发展动力时，应明确环境是重要因素。环境因素始终交织在教师专业发展的各个环节中，教师发展的自主意愿、信念以及以专业技能为表现形式的教师专业发展行为均会受到环境因素的影响和制约，环境的性质决定了教师发展行为能否被有效激发。同时，也要看到教师个体具有主观能动性，教师可以通过自己的行为促进环境的变化，使得环境朝着更有利于自身专业发展的方向改变。

场动力理论中的生活空间和整体观给民办高校教师专业发展动力研究以很好的启示，调动教师的个人自主性，促进教师专业发展动力提升固然非常重要，但是从群体动力学的观点来看，单靠教师个人发挥主观能动性来提高专业知识和技能水平，并不能从总体上促进学校组织目标的达成。管理者必须从组织的角度打破组织固有模式，及时转变学校的观念和态度，增强教师专业发展动力，使教师专业发展目标与学校发展目标相一致。因此，在本研究中，从促进教师专业发展效果方面考虑，如何调动学校组织动力就更显重要。

二、自组织理论

（一）理论要点

自组织（Self-Organization）现象由法国物理学家贝纳德（Henri Bénard）于1900年发现，即当温差达到一定数值后，根据实验条件的不同，原来看似静止的流体表面会出现“奇怪”的规则图案，这种现象也被称为“贝纳德对流”现象。后来人们发现这些有序结构是在流体物质自动自发组织机制下形成的，由此，“自组织”概念正式进入自然科学领域。自组织理论由三部分构成，耗散结构理论（Dissipative Structure）、协同学理论

（Synergertios）和突变理论（Calastrophe Theory），耗散结构理论研究自组织出现的条件环境问题，协同学理论研究自组织的动力学问题，突变理论研究自组织的途径问题。①

第一，自组织的概念与过程演化。“自组织”概念最先由比利时物理学家普利高津（Ilya Prigogine）于1969年提出，用来描述那些自发出现或形成有序结构的过程。在这个概念中，“组织”一词为动词形式。“协同学”创始人德国科学家哈肯（Hermann Haken）对“自组织”概念的界定至今被学界所公认。他认为，如果一个体系在获得空间的、时间的或功能的结构过程中，没有外界的特定干涉，该体系便是自组织的。②为了便于理解，哈肯举例进行了说明：如果工人都是按照工头的命令行动，称之为组织；如果工人没有工头的命令，而是通过相互协同配合，各尽职责地工作，则可称之为自组织。③因此，自组织是一个各部分相互作用、相互联结、彼此产生的体系，这个体系能够进行自生产、自修复、自发展。自组织包含三个演进过程：由非组织到组织的演化；由组织程度低到组织程度高的演化；在相同组织层次上由简单到复杂的演化。在这个过程中，组织结构与功能逐步实现了由简单到复杂的水平增长。④

第二，耗散结构理论。耗散结构理论主要研究自组织存在的条件和环境。自组织结构是耗散结构。在外界条件的变化过程中，通过不断与外界进行物质和能量的交换，一个开放系统可能从混沌无序状态转变为有序状态，并形成新的有序结构，即“耗散结构”，如城市、生命等。耗散结构只有在社会或生物组织与周围环境处于远离平衡的状态下，需要进行非线性相互作用时

① 吴彤．自组织方法论研究［M］．北京：清华大学出版社，2001：20.

② HAKEN H. Information and Self-organization: a macroscopic approach to complex systems［M］. Berlin: Springer-Verlag, 1988: 11.

③ HAKEN H. Synergetics: An introduction: non-equilibrium phase transitions and self-organization in physics, chemistry, and biology［M］. Berlin: Springer-Verlag, 1983: 191.

④ 王玉丰．常规突破与转型跃迁：新建本科院校转型发展的自组织分析［D］．武汉：华中科技大学，2008：10.

才能出现。[①] 由于耗散结构经常受到系统内部元素运动或与环境交互作用的随机干扰，不同时间耗散结构的存在状态不尽相同，当系统处于接近平衡态的线性平衡区，这种干扰会使系统暂时失稳，随着干扰逐渐衰落、耗散消失，系统便能回到稳定状态，这种涨落不会对系统产生破坏，即原有耗散结构不会被破坏。因此，开放性、远离平衡态、非线性机制以及涨落是耗散结构形成的必要条件。

第三，协同学理论。协同学理论是关于结构动力学的研究理论。[②] 哈肯从“竞争”和“协同”两个角度进行了阐释。他认为自组织系统演化的动力主要来自系统内部的两种相互作用：竞争和协同。竞争是系统演化的最活跃动力，也是协同的基本条件。竞争的表现形式有分子之间的碰撞、物种之间的竞争、不同思想的相互交流与碰撞等。只要事物内部或事物间存在差异，竞争就会存在；在竞争中，系统内部和系统间会产生更大的差异，使系统不断演化。“协同”在协同学中占据重要地位，系统中子系统的协调、合作，促进系统演化。[③]

（二）对本研究的启示

从自组织可以自生产、自发展和自修复的角度来看，民办高校教师专业发展动力本身可视为一个自组织动力系统，它是一个由多个子系统协同参与的复杂过程。无论是教师专业发展愿景、专业发展规划、职称晋升等都具有较大的独立性和自主性，能够实现自我规划、自我管理和自我发展。系统是开放性的，民办高校教师专业发展动力系统也是开放的，这个开放系统主要由教师内在动力系统和外部环境动力系统组成。教师内在动力系统是教师主

---

① 湛垦华，沈小峰，等．普利高津与耗散结构理论［M］．西安：陕西科学技术出版社，1998：1.
② 哈肯．协同学：自然成功的奥秘［M］．戴鸣钟，译．上海：上海科学普及出版社．1988：141.
③ 吴彤．论协同学理论方法：自组织动力学方法及其应用［J］．内蒙古社会科学（汉文版），2000（6）：19-26.

体对提升自身专业发展水平的内驱力。外部环境动力系统主要由两部分构成。一是组织支持动力系统。作为民办高校的重要主体，教师在专业发展上总是受到学校物质支持、文化环境支持以及制度支持的影响。二是社会支持动力系统。社会公众、行业企业对民办高校教师专业发展的评价，影响着民办高校教师专业发展自信及民办高校的社会认可度。同时，相关政策对民办高校教师专业发展动力也起着一定的作用。可以说，不同子系统间存在着非线性的、复杂的关系，调动教师内在动力，有效联合组织支持和社会支持等各动力系统，共同促进教师专业发展动力水平提升是非常必要的。

“非平衡态”是系统内部的非均匀状态，以及由这种状态引起的不确定性和不稳定性。[①] 这也是民办高校教师专业发展动力生成的基础，即不断地消耗内外部资源，通过非线性运行机制，将其转化为内在的发展动力，推动民办高校教师专业发展动力系统从无序运动向有序运动发展。“非线性”是产生和演化复杂性的动力学机制。要产生非线性作用，每个子系统都应由三个以上要素构成，并发生交互作用。要提升教师专业发展水平，需要调动教师专业发展的各动力因素，通过正反馈实现最优化。“涨落”是教师专业发展动力的一个重要运行机制。民办高校教师专业发展动力系统存在非平衡态和非线性影响，这些干扰和影响会使教师专业发展动力水平偏离正常轨道，产生大大小小的“涨落”。

自组织理论对本研究的启示主要有以下五点：一是民办高校教师专业发展动力系统是开放性的系统。教师内在动力系统、组织支持动力系统和社会支持动力系统之间相互作用、相互影响，应当保持子系统内部和子系统间各种资源和信息的交换，通过汲取外在养分，确保“输入”与“输出”顺畅，通过促进系统内外的交流与合作，使教师专业发展动力机制良好运转，提升民办高校教师专业发展动力水平。同时系统间机制有效运行过程中要注意考

① 吴彤．自组织方法论研究［M］．北京：清华大学出版社，2001：39.

虑相关度、选择度、整合度、可控度和平等性。[①]二是要把握民办高校教师专业发展动力系统平衡与非平衡的张力。对于民办高校教师专业发展动力系统来说，平衡意味着无变化、形成工作惯性并保持稳定，教师专业发展需要这种状态，但不能长久保持这种状态，而是要不断创新，破解教师专业发展的壁垒，这就要把握好平衡与非平衡的尺度。三是要发挥民办高校教师专业发展动力系统内部非线性作用形成的反馈机制。非线性机制中的重要概念是"反馈"，要发挥非线性机制的作用，综合调动教师专业发展动力各子系统间及系统内因素，运用正反馈及负反馈，调节非线性运行机制，不断激发教师专业发展动力。四是要有效运用"涨落"机制，提升教师专业发展动力水平。在民办高校教师专业发展动力系统中，"涨落"的刺激因素可以理解为民办高等教育发展的政策、教师的评价考核体系、教师的管理制度、教师的奖惩机制等，这些"涨落"的刺激因素有的来自教师内在动力系统，也有的来自组织支持动力系统和社会支持动力系统，在协调"涨落"的过程中，组织和社会的支持应成为主要推力，在提升教师专业发展动力方面起着不同的作用，可以促进教师专业发展动力系统形成新的有序状态。五是要推动教师专业发展的竞争和协同。教师专业发展动力系统中的竞争和协同可以为教师专业发展提供内驱力。竞争和协同，使教师在竞争中合作，在合作中竞争，突破原有组织结构。

第三节　研究内容、方法、路线

本研究采用质性与量化相结合的研究方法，通过文献研究、专家征询及试测，建构民办高校教师专业发展动力的理论框架，然后采用问卷调查法分

① 阳泽，杨润勇. 自组织：教师专业发展的重要机制［J］. 教育研究，2013（10）：95-102.

析当前民办高校教师专业发展动力水平现状，结合访谈法深入剖析民办高校教师专业发展动力水平的深层次问题及成因，探究民办高校教师专业发展动力水平的提升策略。

一、研究内容

（一）研究问题

本研究重点关注民办高校教师专业发展动力的现状与存在问题，探索民办高校教师专业发展动力的提升策略。主要的研究问题为：

1. 民办高校教师专业发展动力的内涵是什么？包含哪些因素？

2. 民办高校教师专业发展动力的现状如何？存在哪些突出的问题？主要影响因素有哪些？

3. 提升民办高校教师专业发展动力的基本思路、策略有哪些？

（二）研究假设

根据上述研究问题，提出以下研究假设：

假设 1：民办高校教师专业发展动力体现在教师内在动力、学校支持动力和社会支持动力等维度。

假设 2：民办高校教师专业发展动力水平在教师性别、身份、年龄、教龄、受教育程度、职称、在本校工作年限等特征方面存在差异。

假设 3：民办高校教师专业发展动力水平提升的过程中，除教师内在动力发挥作用外，组织支持动力和社会支持动力也是重要驱动力。学校支持动力、社会支持动力与教师内在动力较高相关。

二、研究方法

（一）问卷调查法

问卷调查法是资料和信息收集的常用研究方法，研究者提前设计好相关问题，以获取研究信息、研究数据。研究者通过表单的形式将需要了解的信息以问题方式呈现给调查对象，请调查对象作出回答，通过表单回收、整理、分析，获取所需信息。[①]问卷调查的优点是：能在较短时间内收集大样本信息资料；调查过程标准化、匿名化，研究结论比较真实客观，调查结果易于进行数据统计处理。[②]问卷调查的不足之处是：相关题目由研究者编制，可能存在一些疏漏，问题设计不一定全面科学；也可能出现调查对象填答不认真、漏答或不答现象。

本研究按照东、中、西部区域分布格局，选取来自浙江省、河南省、山西省和宁夏回族自治区 4 个省（自治区）的 7 所民办高校教师作为调查对象，采用整群抽样的方法抽取样本。共回收问卷 1960 份，通过对数据缺失值、极端值、错误值的处理，得到有效问卷共 1677 份，调查问卷有效率为 86%。其中，男教师 498 人，约占样本总量的 29.7%，女教师 1179 人，约占样本总量的 70.3%；35 岁以下青年教师 1197 人，约占样本总量的 71.4%。样本符合我国民办高校教师中“女教师偏多”的特点，以及青年教师人数偏多的“两头大、中间小”的现状，基本能比较真实地反映出当前我国民办高校教师的总体属性和特征，样本具有一定的代表性。

本研究通过问卷调查法，分析东、中、西部地区民办高校教师在专业发展动力方面的现状，了解教师内在动力、组织支持动力和社会支持动力的实际情况，分析不同背景特征下教师专业发展动力的差异。调查样本的具体情况为：专任教师 1277 人，约占样本总量的 76.1%；年

① 张其志，王剑兰．教育科学研究法［M］．北京：北京师范大学出版社，2015：95.

② 和学新，徐文彬．教育研究方法［M］．北京：北京师范大学出版社，2015：225.

龄在 30 岁以下的教师最多，共 671 人，约占样本总量的 40.0%；教龄 1—3 年的教师 712 人，4—6 年的教师 309 人，二者约占样本总量的 60.9%；在本校工作年限 1—5 年的教师 1020 人，约占样本总量的 60.8%。样本教师硕士居多，共 1286 人；无职称教师 336 人，初级职称教师 449 人，中级职称教师 630 人，副高级职称教师 206 人，正高级职称教师 56 人。承担 1 门和 2 门课程的教师最多，分别为 639 人、568 人；学期周授课学时数在 10—15 学时的教师最多，为 741 人。样本教师中税后月收入 4000 元以下的 711 人，4001—7000 元的 787 人，7001—10000 元的 168 人，10000 元以上的 11 人。（表 0–1）

表 0-1　正式样本基本信息表

项目	分类	频数	有效百分比
性别	男	498	29.7
	女	1179	70.3
归属地	西	538	32.1
	中	970	57.8
	东	169	10.1
身份	专任教师	1277	76.1
	兼行政工作的教师	114	6.8
	兼辅导员的教师	188	11.2
	兼院系领导的教师	71	4.2
	兼校部中层领导的教师	27	1.6
年龄	30 岁以下	671	40.0
	31—35 岁	526	31.4
	36—40 岁	294	17.5
	41—50 岁	83	4.9
	51—60 岁	40	2.4
	60 岁以上	63	3.8

续表

项目	分类	频数	有效百分比
教龄	1—3 年	712	42.5
	4—6 年	309	18.4
	7—18 年	546	32.6
	19—30 年	39	2.3
	30 年以上	71	4.2
在本校工作年限	1—5 年	1020	60.8
	6—10 年	352	21.0
	11—15 年	249	14.8
	15 年以上	56	3.3
受教育程度	专科及以下	7	0.4
	本科	347	20.7
	硕士	1286	76.7
	博士及以上	37	2.2
职称	无	336	20.0
	初级	449	26.8
	中级	630	37.6
	副高级	206	12.3
	正高级	56	3.3
学期承担课程门数	0 门	183	10.9
	1 门	639	38.1
	2 门	568	33.9
	3 门	220	13.1
	4 门及以上	67	4.0
学期周授课学时数	0 学时	183	10.9
	1—9 学时	471	28.1
	10—15 学时	741	44.2
	16—30 学时	217	12.9
	30 学时以上	65	3.9

续表

项目	分类	频数	有效百分比
税后月收入	4000 元以下	711	42.4
	4001—7000 元	787	46.9
	7001—10000 元	168	10.0
	10000 元以上	11	0.7

运用统计分析软件（SPSS21.0），在数据清理、数据编码、计算变量等基本操作基础上，建立数据文件；运用数据分析方法，分析民办高校教师专业发展动力的总体水平、显著性差异、相关程度，探寻民办高校教师专业发展动力的现实状况与影响因素，提出提升民办高校教师专业发展水平的针对性对策与建议。

（二）访谈法

访谈法是研究者与访谈对象通过口头交谈的方式，获得研究项目中所需的信息、数据等资料的研究方法。① 通过交谈，可以直接观察到调查对象的非语言行为，并在访谈过程中进行适度追问，了解调查对象的真实想法，获得感性材料，对较深层次的探索性研究有重要的意义。访谈调查法有三个优点：一是灵活，能够根据被访者的反映，对调查的问题作出调整、解释、征询或展开；二是真实，能够通过与被访者的真诚交流，提高所需材料的真实性和准确性；三是深入，在访谈过程中，可根据材料获取情况进行适当地解释和追问，能够推进研究问题，得到与研究有关的深层次信息，同时也可以通过观察访谈对象的动作、神态、语气，判断获取内容和信息的真伪，深入把握访谈对象的心理状态。②

基于研究者在民办高校的工作年限和经历，主要采取非随机抽样的方法，

① 马晓春，李爱娟．教育研究方法［M］．北京：北京师范大学出版社，2016：158.
② 张其志，王剑兰．教育科学研究法［M］．北京：北京师范大学出版社，2015：116-118.

将访谈对象锁定为两类。一类是执行校长、分管人事副校长、人事处处长、教师发展中心主任、教学质量监控中心主任、教务处处长、二级学院（系）院长（主任）等担任行政职务的教师。这些群体是民办高校教师专业发展理念的引领者，相关政策的制定者、实施者和教师的管理者，对民办高校教师专业发展有清楚的认识，比较了解教师专业发展的现状和存在的问题，且他们当中有的人身份多有重叠，因此作为教师专业发展的访谈对象是合适的。另一类是专任教师，他们的访谈主要从政策感受者和自身专业发展认识的角度进行，对于深入了解教师专业发展动力很有必要。

研究者于 2018 年 10 月至 2019 年 6 月，通过方便抽样对河南、浙江和宁夏 4 所民办高校的 12 名管理者和 51 名教师进行了访谈或座谈，平均时间为一个半小时。一是通过参加 2018 年 10 月 13 日在河南举办的“民办高等教育改革发展论坛”，访谈校长助理 1 名、人事处副处长 1 名、专任教师 9 名。二是通过参加 2018 年 12 月 14 日在浙江举办的“提高教师教育质量论坛暨中国民办教育协会高等教育专业委员会 2018 年年会”，先后联系了浙江省 2 所民办高校，访谈副校长 1 名、人事处处长 1 名、教师发展中心主任（人事处副处长）1 名、系主任 1 名、专任教师 28 名。三是对研究者所在的民办高校相关领导和教师开展访谈和座谈。其中，执行校长（分管人事工作）1 名、教学质量监控中心主任 1 名、教务处副处长 1 名、人事处副处长 1 名、二级学院院长 2 名、专任教师 14 名。

为了给后续研究做好准备，研究者进行了以下措施：访谈过程中，在征得被访者同意后录音，与被访者建立联系方式，满足被访谈者提出的参与访谈的要求（如反馈研究发现，提供书面研究报告等）；尽量在访谈过程中建立信任关系，以期获得研究所需的纸质材料，如教师在企业实践中的工作日志、心得体会等相关资料。

访谈主要围绕访谈对象的专业发展现状、学校和院系在教师专业发展中发挥的作用、存在的政策瓶颈等问题进行，共转录文本约 15 万字。对每份访谈文本按照访谈地区、学校、次序和时间进行编码。编码规则为：D代表东部地区、Z代表中部地区、X代表西部地区；紧跟字母的三位数字中，前一位代表接受访谈的学校，后两位代表接受访谈的样本教师，之后跟的一串八位数字为访谈日期（如D101，20181212；代表2018年12月12日，东部地区第一所学校第一位接受访谈的教师的文本）。根据研究需要和研究问题，对编码后的文本资料进行认真、细致的阅读和分析，按照教师专业发展内在动力、组织支持动力和社会支持动力三个维度，将意义相近的内容进行整理、归类及合并。通过挖掘访谈对象对问题的看法和认识，分析民办高校教师专业发展动力的内涵、构成、现状，为研究提供实证支撑。

三、技术路线

本研究立足民办高校教师专业发展实践，遵循理论与实证相结合的思路，在相关研究的基础上，以场动力理论、自组织理论为基础，围绕教师专业发展动力进行实证研究。首先，通过文献梳理并参考已有量表，编制民办高校教师专业发展动力问卷；其次，采用问卷法和访谈法，调查民办高校教师专业发展动力现状，分析不同背景特征下民办高校教师专业发展动力水平的差异、存在的问题，分析动力水平的成因；最后，基于实证研究的发现，分析民办高校教师专业发展的内在动力、组织支持动力和社会支持动力，探究助推民办高校教师专业发展动力水平提升的有效策略。（图0–1）

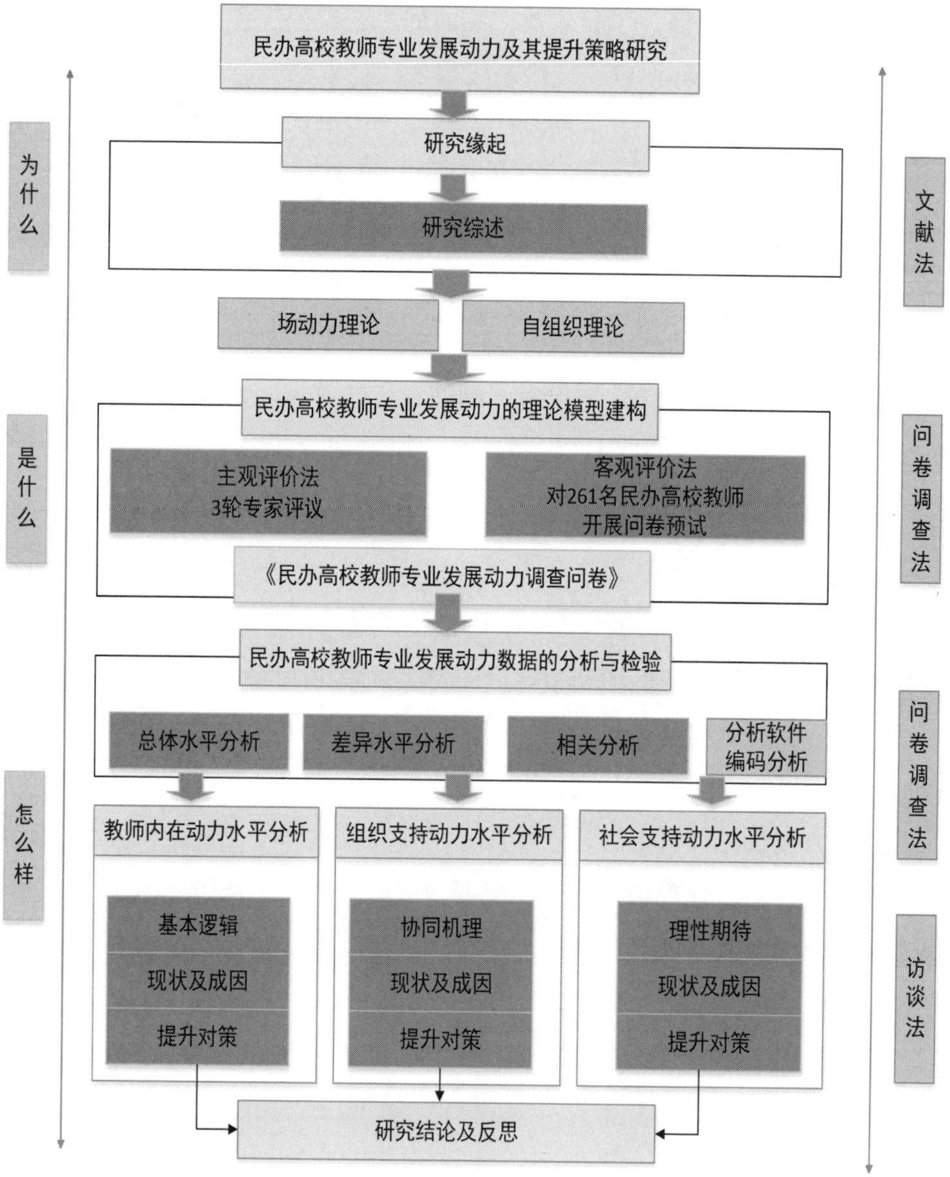
民办高校教师专业发展动力及其提升策略研究
为什么
研究缘起
研究综述
文献法
场动力理论
自组织理论
民办高校教师专业发展动力的理论模型建构
是什么
主观评价法
3轮专家评议
客观评价法
对261名民办高校教师
开展问卷预试
问卷调查法
《民办高校教师专业发展动力调查问卷》
民办高校教师专业发展动力数据的分析与检验
总体水平分析
差异水平分析
相关分析
分析软件
编码分析
问卷调查法
怎么样
教师内在动力水平分析
组织支持动力水平分析
社会支持动力水平分析
基本逻辑
现状及成因
提升对策
协同机理
现状及成因
提升对策
理性期待
现状及成因
提升对策
访谈法
研究结论及反思

图 0-1　技术路线图

第一章

文献谱系中的民办高校教师专业发展动力

通过对中国知网收录的“高校教师专业发展”“高校教师专业发展动力”等相关主题的论文进行分析，可以发现相关研究大致分为四个阶段：第一阶段为2000—2006年，相关研究成果不多；第二阶段为2007—2010年，相关问题逐渐引起学者关注，论文数量由2006年的48篇增至2007年的114篇，主要以“高校教师发展与高等教育质量保障”会议的召开为契机；第三阶段为2011—2017年，高校教师专业发展的研究逐渐体系化，这得益于《国家中长期教育改革和发展规划纲要（2010—2020年）》的颁布，国家将教师专业发展提到了新的高度；第四阶段为2018年至今，以《中共中央　国务院关于全面深化新时代教师队伍建设改革的意见》的颁布为起点，强调从政治高度加强教师队伍建设，教师专业发展日渐成为研究热点。

第一节　研究概貌

一、教师专业发展动力相关理论研究

教师专业发展动力内涵的研究，代表性的观点主要有：教师发展动力包括教师发展外部动力与内部（自我）动力，外部动力来自现实的激励机制，内在动力是大学教师对自我价值的追求（潘懋元；2017）。[①] 在内、外部因素中，内部因素对教师专业发展起决定性作用（林杰，刘桂秋；2012）。[②] 叶澜等（2001）则认为教师专业发展的动力来自三个方面：一是在专业发展中，教师遇到的难题或关键情境；二是教师专业发展过程中的主观追求；三是外

① 潘懋元．大学教师发展论纲：理念、内涵、方式、组织、动力［J］．高等教育研究，2017（1）：62-65.

② 林杰，刘桂秋．教师专业发展的保障机制研究［J］．沈阳工程学院学报（社会科学版），2012（2）：252-255.

界的支持。[①]

教师专业发展动力的理论研究视角主要有场动力理论、内外因决定论和复杂性理论等。刘陶等（2009）从勒温场论的视角出发探讨教师动力问题，认为高校教师所处的动力场由心理场、环境场等因素构成，这些因素之间的相互作用决定着教师的行为，也就是说，教师的行为是其心理场和环境场共同作用的结果。[②] 而教师专业发展动力不足的主要原因是心理场的需求没有得到环境场的满足，没有生成有效机制激发教师动力，因此，有效促进教师动力的方法是构建科学有效的激励机制（杨建春，李黛；2012）。[③] 李方安（2015）从辩证唯物主义的内外因决定论出发，指出解决教师发展内生动力不足的根本路径是促进教师的主体性发展。[④] 李森等（2015）基于复杂性理论的视角，提出教师专业发展支持系统包括三个维度，时间、空间和过程，过程维度强调，教师专业发展的方向动力、条件保障、运行机制和评价反馈四个系统必须要形成正向合力，协同推进教师专业发展。[⑤] 同时，教师主体动力系统由认知、情感、意志和理念四个子系统构成，其中，理念子系统起引领导向作用，是教师专业发展动力系统的核心。[⑥]

虽然美国高校教师专业发展具有较强的实践性，但一些研究者仍在教师专业发展的理论方面做出突破性探索，例如麦基奇尼（Wilbert J. McKeachie, 1991）认为教师发展的理论可以将复杂的教育教学活动简化，可以指导分析、诊断教学活动，还能通过理论的启发性为教师发展策略提供依

① 叶澜，白益民，王枬，等．教师角色与教师发展新探［M］．北京：教育科学出版社，2001：2-11.

② 刘陶，张卫良．场论对高校教师激励的启示［J］．当代教育论坛，2009（4）：80-82.

③ 杨建春，李黛．基于勒温场论的高校教师激励机制探析［J］．东北大学学报（社会科学版），2012（6）：544-548.

④ 李方安．论教师自我发展［J］．教育研究，2015（4）：94-99.

⑤ 李森，崔友兴．论复杂性理论视野下的教师专业发展支持系统［J］．教师教育学报，2015（2）：14-20.

⑥ 李森，崔友兴．论教师专业发展动力的系统构建和机制探析：基于勒温场动力理论的视角［J］．教育理论与实践，2013（4）：33-36.

据与基础。在美国，早期高校教师专业发展理论受行为主义理论、感知训练理论的影响，随着教学技术的发展与进步，教师专业发展理论涵盖了学习心理学、合作学习理论等。[①] 也有一些学者将成人发展理论、成人学习理论、管理学理论用于指导教师专业发展，大大丰富了教师专业发展的理论基础。[②]

二、教师专业发展动力现状与问题研究

我国高校教师专业发展需求较为强烈，但教师专业发展动力仍然不足。主要表现为：教师“被发展”的状态比较明显；教师的经济地位偏低；教师专业发展管理制度不健全。当前，高校教师专业发展存在的问题主要集中在专业发展的内生动力不足，外部环境的支持乏力（乔桂娟，韩霄；2017），[③] 教师培训不足、薪酬待遇不高、研究经费缺乏、教师评价制度不力（姚笛；2014）[④] 等方面。长期以来，我国高校教师都处于“被要求培训”和“被发展”的状态，这种缺乏内在动力的教师专业发展方式很难达成理想的政策效果，高校教师政策制定的“工具化”倾向过于凸显，易于出现将功利化目标作为激发教师工作积极性的原动力的现象；政策对教师自主发展的关注不足，高校教师在政策制定过程中的“缺位”状态使教师专业发展的实质目标被忽视（方明军；2018）。[⑤] 柯登地（2009）认为职业精神为智能系统提供驱动力，是影响教师发展的核心因素，研究者认为当前教师发展的问题主要存在于动

---

① MCKEACHIE W J. What theories underlie the practiceof faculty development［M］//ZAHORSKI K J. To Improve the academy: resources for faculty, instructional, and organizational development. Stillwater, OK: New Forums Press, 1991: 26-38.

② 徐延宇，李政云．美国高校教师发展：概念、变迁与理论探析［J］．黑龙江高教研究，2010（12）：50-53.

③ 乔桂娟，韩霄．论我国高校教师发展的现实困境与学校支持策略[J]. 教师教育论坛，2017(9): 46-51.

④ 姚笛．对促进民办高校教师专业发展的思考［J］．教育与职业，2014（30）：78-80.

⑤ 方明军．改革开放40年中国高校教师发展政策回顾与反思［J］．湖南科技大学学报（社会科学版），2018（5）：129-136.

力系统方面，动力强弱深刻影响着教师的职业精神。[①]

美国高校教师专业发展起步较早，在项目化、组织化、一体化进程方面形成了比较成熟、完善的发展模式。1986 年学者埃里克森（Eric Erikson）对美国 1600 所高校的调查显示，53% 的被调查学校设立了专门教师发展机构，比 1976 年的 12% 明显增长。[②]美国高校教师发展的目的与活动形式呈现多元化趋势，如利用微格教学、工作坊等促进教师教学技能提升，设立科研项目鼓励高校教师开展学术研究，利用免费午餐会和校际伙伴项目搭建教师交流平台等。同时，针对没有教师专业发展专门机构的高校，一些民办营利性教育机构还开展了教师发展有偿培训等服务。[③]总之，美国高校教师专业发展形成了多种模式，主要包括学术主导型教师发展模式、教学提升型教师发展模式、多元推广型教师发展模式、综合一体型教师发展模式。[④]此外，美国颇为重视发展高校教师的网络教学能力，形成了政府、社会和高校三级协调的教师网络教学能力保障系统，构建了比较完善的高校教师网络教学能力发展机制，[⑤]通过面授和线上的研讨班、现场会议、导师指导、网络论坛等多种形式，对所有高校教师——包括兼职教师和全职教师的教学设计能力、帮助学生做准备能力、组织课程能力、运用先进技术能力、互动能力、合理评价能力等，进行系统提升。其教师专业发展方式灵活合理，强调个人和集体

① 柯登地．论教师发展的智能系统与动力系统［J］．教育发展研究，2009（Z2）：49-54.

② SCHMITZ C C, BLAND C J. Characteristics of the successful research and implications for faculty development［J］. Journal of Medical Education, 1986, 61（2）: 22 -31 .

③ SORCINELLI M D, AUSTIN A E, EDDY P L, et al. Creating the future of faculty development: learning from the past, understanding the present［M］. Bolton: Anker Publishing Company, Inc. , 2005: 1 .

④ CENTRA J A. Types of faculty development programs［J］. The Journal of higher education, 1975, 49（6）: 151-162 .

⑤ ALLENE, SEAMAN J. Changing course: ten years of tracking online education in the united States ［EB/OL］.［2020-09-10］.

学习相结合，注重合作发展形式，重视教师的个性化需求。①

三、教师专业发展动力影响因素研究

从研究的内容和研究的时间上来看，教师专业发展动力影响因素研究有以下两个趋势：一是从主要关注教师个人人口学变量因素转向研究教师职业精神、发展意识及个人愿景等主体性因素；二是从研究影响教师专业发展动力的校内环境因素，逐步细分到研究外部政策、行业企业需求等多角度多层次的因素。可以看出，教师专业发展的动力影响因素研究涉及教师个体、组织、所在学校背景因素、学校支持氛围等多种因素，具体影响因素见表 1–1。

表 1-1　教师专业发展的动力因素统计表

研究作者	影响因素分类
Fessler（1995）	家庭、关键事件、生活中的不利因素、脾气个性、嗜好等个人因素；规则制度、管理方式、社会评价、组织等环境因素
Herbert & Loy（2001）	工作坊、咨询、研讨会、组织环境（薪酬标准、绩效考核要求等）
Clarke & Hollingsworth（2002）	校园内的环境因素
Mushayikwa & Lubben（2009）	个人、学校背景因素
柯登地（2009）	职业地位、规章制度、价值观、经济地位
赵昌木（2011）	职业道德
林杰，吴亚丽（2011）	教师培训、管理状况、校级领导的态度
林杰，刘桂秋（2012）	外部因素（制度、组织、物质）

① Enhancing online education through instructor skill developmenting higher education [EB/OL].[2020-09-12].

续表

研究作者	影响因素分类
李春桥（2013）	教师的知识、情感、行为
方泽强（2015）	政策、社会经济发展需求、产业行业技术演化趋势
王双龙（2017）	自主意识、学校支持氛围
方明军（2018）	国家政策支持
蔡华健（2018）	个人愿景
包水梅，杨冰冰（2018）	资源支持（教师发展中心－教学团队）

从上表可知，研究者对教师专业发展动力因素的归纳大体可以分为三类：一是个体动力因素；二是学校支持动力因素；三是社会支持动力因素。

（一）教师专业发展个体动力因素研究

现有研究对教师专业发展个体动力因素的研究主要集中在教师个体的发展意识、教学反思、职业信念、职业道德、自发需求、发展愿景、个人环境和职业背景等方面。江晓红（2013）指出“对教师职业的热爱”和“自我发展意识”是教师发展的原动力。[①] 肖正德（2013）指出，教师专业发展动力来自教师信念，信念一旦确立，就会转化为对专业的忠诚、对工作的责任感、对专业发展的追求，成为支配教师行为的巨大精神力量。[②] 林杰（2006）认为教师自发需求是教师专业发展的主要驱动力。[③] 李清雁（2013）认为主体需要是大学教师发展的内在动因。[④] 另有研究认为教师专业发展需要愿景驱

① 江晓红．教师专业化发展视域下高校外语教师自主发展探究［J］．黑龙江高教研究，2013（1）：95-98.

② 肖正德．基于教师发展的教师信念：意蕴阐释与实践建构［J］．教育研究，2013（6）：86-92.

③ 林杰．美国大学教师发展运动的历程、理论与组织［J］．比较教育研究，2006（12）：30-34.

④ 李清雁．大学教师发展的人本诉求［J］．黑龙江高教研究，2013（1）：28-31.

动。蔡华健等（2018）认为青年教师发展需要以愿景来驱动，个人愿景要与组织愿景相一致，通过推动组织愿景达成个人愿景，这样，教师才能更好地实现个人专业发展。[①]

国外的研究中，哈伯德和阿特金斯（Grenda T. Hubbard, Sally S. Atkins；1995）在《作为个体的大学教授：福利在大学教师发展中的作用》中进一步指出，不同大学教师的需求不尽相同，总体而言，学术发展项目、医疗健康项目和支持服务项目对提升教师活力和促进教师发展具有重要作用。[②] 格伦迪等（Shirley Grundy, Judyth Robinson；2004）认为教师专业发展有两个推动力：一是系统的推动力，二是自身的推动力。其中，自身推动力包括学校、社会及生涯发展中生活经验等因素。[③] 大学教师展现了知识型员工的典型特征，成就感强、自主意识高、创新思维比较活跃，加之学术职业具有极为特殊的职业规程和职业素质要求，大学教师群体也具有极为特殊的需求特征。西尔维娅等（Ronald D. Sylvia, Tony. Hutchison；1985）对 167 位教师开展调查研究，发现影响教师工作满意度的真正原因是教师更高层次的需求，而不是薪酬等较低层次的需求。[④] 因此，教师个体的发展需求，尤其是精神性价值需求的满足，是教师发展活动的主要目标之一。

（二）教师专业发展学校支持动力因素研究

组织在教师的教学发展和个人发展中起举足轻重的作用（Kenneth E.

① 蔡华健，曹慧英，刘大伟．地方本科院校转型中的青年教师发展：问题与策略［J］．高教探索，2018（6）：108-112.

② HUBBARD G T, ATKINS S S. The professor as a person: The role of faculty well-being in faculty development［J］. Innovative Higher Education, 1995, 20（2）：117-128.

③ 卢乃桂，钟亚妮．国际视野中的教师专业发展［J］．比较教育研究，2006（2）：71-76.

④ SYLVIA R D, HUTCHISON T. What makes Ms. Johnson teach？ A study of teacher motivation［J］. Human relations, 1985, 38（9）：841-856.

Eble, Wilbert J. Mckeachie；1985）。[①] 教师专业发展依赖于个人与所在学校背景因素之间的相互影响（Emmanuel Mushayikwa, Fred Lubben；2009）。[②] 教师专业发展的学校支持相关研究主要聚焦在制度、资源、文化、领导态度等几个方面。

一是以制度、资源作为教师专业发展外部动力支持系统的主要因素。教师专业发展的外部因素由制度因素、组织因素和物质因素构成（林杰，刘桂秋；2012）。[③] 应该从环境的营造、制度的建立和调整、个人的培养三方面完善支持系统（常秀芹；2012）。[④] 在制度建设方面需要建立评价性制度，以增加管理的幅度和弹性（刘道平，刘秋岭，范正飞；2013），[⑤] 建立有效的激励制度（杨程，周小舟；2019），[⑥] 调动教师工作动力。在资源方面需要通过成立教师发展中心、建设教学团队（包水梅，杨冰冰；2018），[⑦] 开展主动建构、互助协作的各类项目。

二是以学校氛围、学校管理以及领导态度为主要因素。有研究发现学校开展的教师培训、活动管理以及领导态度对教师发展会产生直接影响（林杰，

① EBLE K E, MCKEACHIE W J. Improving undergraduate education through faculty development [M]. San Francisco: Jossey-Bass, 1985: 1.

② MUSHAYIKWA E, LUBBEN F. Self-directed professional development: Hope for teachers working in deprived environments？ [J]. Teaching and Teacher Education, 2009, 25（3）: 375-382.

③ 林杰，刘桂秋．教师专业发展的保障机制研究[J]．沈阳工程学院学报（社会科学版），2012（2）：252-255.

④ 常秀芹．高校青年教师专业发展的社会支持系统构建与加强［J］．高等农业教育，2012（6）：39-42.

⑤ 刘道平，刘秋岭，范正飞．基于自主培养的高校教师专业发展支持系统［J］．现代教育管理，2013（6）：76-81.

⑥ 杨程，周小舟．民办高校青年教师的困境及其破解［J］．中国青年社会科学，2019（5）：100-105.

⑦ 包水梅，杨冰冰．高校教师专业发展研究之研究：基于 CNKI 数据库 2000—2017 年收录论文关键词的可视化分析［J］．高校教育管理，2018，12（5）：114-124.

吴亚丽；2011）。[①] 欧盟关于教师专业发展的报告指出，教师信念、教师态度、合作方式、教师评价和反馈、学校气氛和管理方式等作为可变性因素影响着教师专业发展效能。[②] 有研究表明，教师专业发展与学校的气氛紧密相关，可通过构建积极的文化氛围和搭建良好的信任关系为教师发展提供支持。[③] 王双龙（2017）采用阶层线性模型印证了教师的自主意识和学校支持都会影响教师的专业发展水平，同时，学校支持氛围在其中扮演中介调节作用。[④]

（三）教师专业发展社会支持动力因素研究

构建适宜的外部环境可以有效激发教师内生动力。[⑤] 影响教师专业发展的社会层面因素主要聚焦于政策法规、校企合作、行业组织等。政策法规、校企合作为推动教师专业发展动力指引了方向。哈贝马斯（Jürgen Habermas, 1989）将系统理论引入交往行动理论中，即国家作为行政管理系统以权力为中介，市场作为经济系统以金钱为媒介，系统的有效运行离不开以金钱和权力法则为主的运行机制，法制在系统中起到了控制媒介的作用。[⑥] 教育是社会系统中的子系统，国家和市场这两种力量对教师专业发展的相关政策同样施加着影响和控制。[⑦] 有研究通过实证分析表明，合理目标、实践反思、变革性文化和支持环境是教师专业发展的动力生成机制，它们之间相互影响，

---

① 林杰，吴亚丽．普通高校专任教师职业发展的需求及影响因素分析：基于北京地区高校的抽样调查［J］．教育学报，2011（3）：92-104.

② EUROPEAN UNION. Teachers' professional development: Europe in international comparison[R]. Brussels: EU, 2010, 44.

③ DUYAN I, GUMUS S, BELLIVAS M S. Multilevel analysis of teacher work attitudes: the influence of principle leadership and teacher collaboration［J］. International Journal of Educational Management, 2013, 27（7）: 700-719.

④ 王双龙．教师自我意识与学校支持氛围对教师专业发展的影响研究［J］．教育科学研究，2017（11）：74-78.

⑤ 叶玲娟．高校教师专业发展中“内生模式”与“外控模式”的协同效应［J］．江苏高教，2017（4）：65-67.

⑥ HABERMAS J. The theory of communicative action［M］. Boston: Beacon Press, 1989: 274.

⑦ 卢乃桂，钟亚妮．国际视野中的教师专业发展［J］．比较教育研究，2006（2）：71-76.

通过相互作用生成教师专业发展动力（崔友兴，李森；2015）。[①] 当前，地方本科高校转型发展对教师也提出了新要求，但应用型高校校企合作浅层化，产教融合环境不佳，教师转型的整合力量还没有最终形成，相关政策保障还不完善（周卫东；2018），[②] 制约了教师专业水平发展。在推动教师专业发展政策支持方面，有的国家设立教师专业发展日的做法，可资借鉴，如新加坡教师专业发展日每学期有 6 天，英国有 5 天，加拿大有 2 天，体现了国家和学校层面对教师专业发展工作的支持，教师专业发展的动力得到增强。[③]

行业组织的建设和支持是推进教师专业发展的主要渠道之一。教师的专业能力和实践能力提升需要依托区域经济发展需求和产（行）业技术升级，通过与企业深度合作以资源共享、技术改进项目开发等形式（方泽强；2015），[④] 逐步从由外力推动向内需驱向转变，推动教师自主发展专业实践能力提升（蔡华健等；2018）。[⑤] 卡内基教学学术协会，主要通过发布教学学术的项目、开展理论研究、召开国际会议和培训等相关活动，对教师专业发展产生了重要影响。

国外研究发现，教师教育政策或计划的变革是教师更新或深化专业知识和技能的重要动力，高等教育外部评估也会督促教师开展科学研究，并在相关领域发表论文。[⑥]

---

① 崔友兴，李森．论教师专业发展动力生成机制及其实践表征［J］．当代教育科学，2015（1）：19-22.

② 周卫东．新建地方本科院校教师转型发展研究［J］．江苏高教，2018（4）：58-62.

③ DARLING-HAMMOND L, LIEBERMAN A. Teacher education around the world: changing policies and practices［M］. London and New York: Routledge. 2012: 151-172.

④ 方泽强．论“转型时代”地方大学教师的发展［J］．黑龙江高教研究，2015（10）：6-8.

⑤ 蔡华健，曹慧英，刘大伟．地方本科院校转型中的青年教师发展：问题与策略［J］．高教探索，2018（6）：108-112.

⑥ BRODY D, HADAR L. Personal professional trajectories of novice and experienced teacher educators in a professional development community［J］. Teacher Development, 2015, 19（2）：246-266.

（四）影响因素间关系研究

一种观点着重探讨在促进教师专业发展能力提升过程中，教师个人和组织之间的关系。赫伯特和卢瓦（Fred Herbert, Marty Loy；2001）认为，将行为变化模型应用到大学教师发展领域，至少应包括个人变量和组织变量两种。其中，个人变量包括认知失调、结果预期、技术基础三组变量；组织变量包括激励因素（大学中组织层面用来塑造大学教师预期和感受的激励因素）、角色预期（大学教师所在院系或学校对大学教师角色的预期）和组织资源（组织为促进变化而提供的资源支持）三组变量。这六组因素交互影响，共同作用于大学教师的行为变化。大学教师发展领域的专家，即“促变者”，可试从两方面促进大学教师发生变化。一方面，他们可以在工作坊、咨询、研讨会等活动中直接影响大学教师发展；另一方面，他们可以通过改造大学教师工作的组织环境，如改变薪酬评定标准、绩效考核要求等，间接影响大学教师发展。①克拉克和霍林斯沃斯（David Clarke, Hillary Hollingsworth；2002）基于教师专业发展的多样性和个体差异性，提出了关联模型（Interconnected Model of Teacher Professional Growth），认为教师专业发展受外界环境影响较大。②

四、教师专业发展动力提升策略研究

提升教师专业发展动力策略的研究主要集中在三个方面：一是从学校发展规划的角度出发，通过制度安排创设有利于教师专业发展的环境和氛围。这种观点认为，在促进教师专业发展方面，高校的主体地位并没有真正确立

① HERBERT F, LOY M. The evolution of a teacher professor: applying behavior change theory to faculty development［M］//LIEBERMAN D E, WEHLBURG C E. To improve the academy: resources for faculty, instructional, and organizational development. Boston, MA: Anker, 2001: 107-207.

② CLARKE D, HOLLINGSWORTH H. Elaborating a model of teacher professional development growth［J］. Teaching and teacher education, 2002（18）: 947-967.

起来（乔桂娟，韩霄；2017）。① 在促进教师专业发展方面，学校才是教师发展制度的安排者和实施者（徐延宇；2016）。② 美国的一些研究者发现，高校教师专业发展存在比较突出的行政化和工具化特点，这主要源于行政管理部门对教师发展方式的干预，因此，他们更加注重通过学习共同体的模式促进教师专业发展，并且发现学习共同体在激发教师专业发展的内在动力方面作用鲜明，大学教师能够形成共同的发展愿景，并在学术研究和探讨中成为合作者（栗新；2018）。③

二是立足于现有办学水平提升教师专业发展。教学和经济双重压力引起的教师流失是制约民办高校发展的瓶颈，在福利待遇短期内不易调整的情况下，关注教师的专业发展，促进教师个人与高校共同发展是破解难题的有效策略。④ 威斯康星大学拉克罗斯分校通过开展课例研究项目促进教师共同成长，教师们在宽松的环境中互信、互助开展项目活动，效果明显。⑤

三是从社会层面探索教师专业发展动力提升的路径。通过“转型发展”并以“加快构建现代职业教育体系”的国家战略为契机，努力开辟校内外通力结合的育人渠道，积极开拓政府支持、企业保障的新局面，探索多元化办学模式，实现校企合作、校所合作等多样化合作是提升民办高校教师专业发展动力的特色之路（王蔷馨；2015）。⑥

国内外关于民办高校教师专业发展的研究不够丰富。⑦ 有关现状及问题

① 乔桂娟，韩霄．论我国高校教师发展的现实困境与学校支持策略［J］．教师教育论坛，2017（9）：46-51.

② 徐延宇．高校教师发展实践策略研究［M］．昆明：云南大学出版社，2016：97.

③ 栗新．高校教师发展的美国模式与借鉴意义［J］．江苏高教，2018（1）：52-56.

④ 杜嫱，刘鑫桥．高校教师离职倾向及学术权力感知的作用：基于“2016 年全国高校教师发展调查”的实证分析［J］．中国高教研究，2019（9）：48-53.

⑤ UWLAX. Lesson Study Project［EB/OL］．（2013-07-11）［2020-09-15］．

⑥ 王蔷馨．新形势下民办高校教学管理“内涵式”发展与思路转变［J］．江苏高教，2015（6）：155-157.

⑦ 杜志强，欧阳梦琴．我国民办高校教师专业发展之理性审视［J］．教育探索，2012（1）：108-110.

的研究主要聚焦在政策支持、学校支持、教师专业发展自主性三个方面。

（一）政策支持相关研究

一方面，我国民办高校教师的同等权益保障问题落实不到位。2021 年修订的《中华人民共和国民办教育促进法实施条例》已对民办学校教师同等地位作出明确规定，但现实中，民办高校教师的诸多权益并没有获得相应保障，如民办高校教师无法办理因公护照，影响国际学术交流会议的参加；国培省培项目参加机会很少等。这些问题不仅让教师们倍感不悦，也迫使他们产生身份认同障碍，影响教师专业发展动力。另一方面，社保管理制度仍不完善。虽然国家和地方政策条文针对民办高校教师的养老保险有一定的规定和解释，但没有形成较为健全的民办高校教师养老保险法律体系，民办高校教师养老权益没有得到保护（费新宇；2014），[①] 致使不同民办高校教师群体虽同为非营利性民办高校教师，却因供职单位法人属性不同，分别按照企业和事业单位两种标准缴纳社保，群体间社保待遇存在质的差别。另外，相关法律明确规定了试用期应依法办理社会保险。但在实际办学过程中，由于缺乏相关部门的有效监管，民办高校教师试用期不予缴纳、逾期缴纳及未足额缴纳社保的问题较为普遍，这种不合规现象不但无法维护法律法规的权威性，而且影响民办高校教师对学校权威性的认可。[②]

美国私立大学较为支持教师的专业发展，形成了相对健全的教师专业发展激励机制，有较为充分的经费支持，建立起了比较完善的职业发展制度，形成了国家、社会第三方和高校层面的制度保障。[③]

① 费新宇．民办高校教师养老保险研究［D］．沈阳：辽宁大学，2014：18.

② 景安磊，周海涛．民办学校教师队伍建设改革的法规保障［J］．教育与经济，2018（3）：20–23.

③ 李华钢．美国私立大学教师职业发展激励机制研究［J］．当代教育实践与教学研究，2019（19）：138–139.

（二）学校支持相关研究

我国民办高校对教师专业发展支持力度相对不足，主要体现在学术文化氛围、教师队伍结构、教师待遇、管理制度等方面。一是民办高校教师队伍不稳定（任奉龙；2018）。① 实践中，在编制、退休后待遇、社会认可度、发展空间等方面民办高校仍存在客观差距（徐雄伟；2017）。② 因此，民办高校教师跳槽现象比较频繁。教师队伍不稳定，使民办高校师资培养的人力成本增加，部分民办高校陷入师资培养与否的两难境地，缺乏提升教师专业能力的动力，由此产生恶性循环，既培养不出优秀人才，也留不住优秀人才。二是师资队伍在年龄、学历、职称等结构方面不尽合理。三是民办高校教师待遇偏低。尤以青年教师最为突出，较低的工资使他们难以承担养家的责任，在申请课题、职称评聘等方面也处于劣势，薪资晋级存在困难。四是管理制度不完善。缺乏教师专业发展工作的统筹规划，存在培训经费不足、培训方式单一、考核评价不足等问题。五是校园文化氛围不浓厚。有些民办高校忽视学术氛围的营造，教师专业发展动力不足，教师专业发展积极性不高（王维坤，温涛；2014）。③ 民办高校存在教师稳定性较弱、教师管理行政化倾向突出、激励机制不完善等现状，对于学校文化价值观的形成产生了消极的影响，弱化了教师群体的凝聚力（张富明；2012）。④

美国私立高校高度重视教师专业发展，教师专业发展项目不仅涵盖教师、行政人员乃至研究生，而且跨越教师职业生涯的整个阶段，具体包括前职业生涯培训、教师职业生涯早期培训、教师职业生涯中期激励机制、教师职

---

① 任奉龙．分类管理背景下民办高校发展的现实困境与对策研究：以辽宁省为例［J］．中国高等教育评估，2018（1）：50-54.

② 徐雄伟．民办高校教师专业发展影响因素的实证研究：以上海为例［J］．教育发展研究，2017（7）：78-84.

③ 王维坤，温涛．民办高校师资队伍建设的问题与出路：以辽宁省民办高校为例［J］．中国高教研究，2014（1）：75-78.

④ 张富明．民办高校教师专业发展学校保障的现状及对策［J］．民办高等教育研究，2012（4）：36-39.

业生涯后期发展，构建了系统化、终身化的高校教师发展体系。[①] 以哈佛大学为例，该校依靠丹佛斯基金会资助建立起教学中心——“哈佛—丹佛斯中心”，该中心的宗旨在于为哈佛教师、助教等提供教学培训和资源，促进哈佛本科教育质量的提升，通过提供教学会议、教学工作坊、教学证书项目、微格教、主题研讨会等活动，[②] 吸引教师积极改进教学，提高本科教学质量，满足不同职业发展阶段教师的多元需求。[③]

（三）教师专业发展自主性研究

我国民办高校教师专业发展的自主性相对不高。一是教师自主发展意识不强。有的教师对专业发展的信心不足，有的教师对自身专业发展没有较高的要求，缺乏动力、安于现状、按部就班成为较为普遍的现状（程萍，汪霞，杜侦；2008）。[④] 二是教师个人需求功利化。有研究通过对天津、北京、山东等 8 所民办高校 169 名教师进行调查分析，发现民办高校教师参与专业发展活动的主要目标在于职称评聘，对教学质量提升的兴趣不高（秦立栓，宋哲；2013）。[⑤] 同时，工作环境条件不足也对教师专业发展产生影响。三是职业倦怠水平较高。闫丽雯等（2018）通过对国内民办高校教师职业倦怠倾向研究发现，民办高校教师业务能力提升缓慢是职业倦怠水平较高的主要原因。[⑥] 多数民办高校教师教学工作量大、工作压力大已成为教师专业发展中需要引

① 张胤，武丽民 . 跨越职业生涯的高校教师发展：美国高校教师发展服务体系［J］. 比较教育研究，2016（12）：101-106.

② Havard University. Derek bok center for teaching and learning: our history & role［EB/OL］.［2020-09-26］.

③ 吴薇，赵莉 . 美国公私立大学教师发展特点比较：以哈佛大学和密歇根大学为例［J］. 高教发展与评估，2013（4）：95-102+123.

④ 程萍，汪霞，杜侦 . 民办高校教师专业自主发展存在的问题及对策［J］. 时代金融，2008（8）：88-89.

⑤ 秦立栓，宋哲 . 社会资本视角下民办高校教师专业发展影响机制研究［J］. 高等农业教育，2013（11）：50-53.

⑥ 闫丽雯，周海涛 . 民办高校教师职业倦怠水平及影响因素分析［J］. 国家教育行政学院学报，2018（2）：76-82.

起重视的现实问题（吕春燕；2011）。[①] 四是教学能力偏弱。对公、民办高校教师教学竞赛获奖情况的调查分析显示，公办高校教师教学竞赛获奖数（均数为 8.37）明显高于民办高校教师教学竞赛获奖数（均数为 1.12）。可以看出，公、民办高校教师教学能力还存在明显差距（陆国栋等；2019）。[②]

五、民办高校教师专业发展动力影响因素研究

教师专业发展受多种动力因素交互影响，同时，这些动力因素本身因环境和条件不同呈现出多样性特点。[③] 通过对文献的梳理，本研究发现民办高校教师专业发展动力影响因素主要集中在政策及组织因素和个人因素两个方面。

1. 政策及组织因素

一是政策因素。国家政策是教师专业发展的重要制度保障，包括国家层面和地方政府层面出台的法律、法规、规则、规定和政策等。教师专业发展是在一定的政策环境下实现的（朱旭东；2014），[④] 国家相关政策不同，体现出教师身份、地位的差异，因此，公、民办高校教师专业发展的政策、路径存在差异。

二是组织因素。主要集中在支持路径、支持资源、管理制度、发展氛围、学校文化方面。有研究者认为民办高校提供有效的路径、丰富的资源和学习型氛围可以促进教师专业发展动力提升（朱沛雨；2014）。[⑤] 而实际上，民办高校教师专业发展路径不畅、在职培训针对性不足、继续教育教师主体性不够等问题突出。教师专业发展的相关资源主要包括信息、时间、经费、机构等，而这些资源中，时间和经费问题最为突出。一般认为，教师专业发展所

---

① 吕春燕. 民办高校教师专业发展的现状与问题分析［J］. 教育与职业，2011（33）：73-75.

② 陆国栋，赵春鱼，颜晖，等. 本科院校教师教学竞赛发展现状及模式创新［J］. 中国高教研究，2019（1）：86-90.

③ 教育部师范教育司. 教师专业化的理论与实践［M］. 北京：人民教育出版社，2003：68-80.

④ 朱旭东. 论教师专业发展的理论模型建构［J］. 教育研究，2014（6）：81-90.

⑤ 朱沛雨. 民办高校教师专业发展的困境与化解［J］. 新余学院学报，2014（4）：127-129.

需要的时间至少是教师工作时间的 20%（张富明；2012）。[①] 民办高校教师专业发展所需的学习型氛围还未形成，表现为校内缺乏学习型组织、教师关系冷淡、交流学习不足，这些问题的存在，制约了教师专业发展的主动性（朱沛雨；2014）。[②] 教师专业发展中学校文化也发挥着较大作用。张富明（2012）认为，制度文化影响尤为重大。[③] 朱旭东（2014）明确指出，学校文化决定了教师专业发展路径。[④]

2. 个人因素

民办高校教师专业发展个人动力因素研究，主要包括人口学变量和教师自主程度两个方面。第一，人口学变量。熊云等（2020）通过实证研究发现，民办高校青年教师专业发展动力不足，学历、周课时数对教师专业发展动力影响显著，而职称、月工资对专业发展动力的影响并不显著，这主要由于民办高校薪资体系、福利待遇、职称晋升制度等相关的激励措施发挥效果不明显，导致青年教师工作积极性不高、上进意识淡薄、专业发展动力不足。[⑤] 第二，教师自主程度。自我发展意识是专业发展的动力因素，[⑥] 可通过职业发展规划唤醒和维持。另外，制订可行的职业发展规划，展望发展愿景，对树立发展目标、确定努力方向、激发发展意识效果明显。还有研究指出，衡量教师“发展”结果的基本标准是教师回归到自主发展（李瑾瑜，2018）。[⑦]

---

① 张富明．民办高校教师专业发展学校保障的现状及对策［J］．民办高等教育研究，2012（4）：36-39.

② 朱沛雨．民办高校教师专业发展的困境与化解［J］．新余学院学报，2014（4）：127-129.

③ 张富明．民办高校教师专业发展学校保障的现状及对策［J］．民办高等教育研究，2012（4）：36-39.

④ 朱旭东．论教师专业发展的理论模型建构［J］．教育研究，2014（6）：81-90.

⑤ 熊云，林太鹤．民办高校青年教师专业发展动力研究：基于人口学变量上的实证分析［J］．四川职业技术学院学报，2020（1）：122-128.

⑥ 王义宁．民办高校教师专业发展的内涵及其特征［J］．吉林广播电视大学学报，2020（2）：7-8.

⑦ 李瑾瑜．我国教师政策发展的新亮点及其实践意义［J］．西北师大学报（社会科学版），2018（5）：87-95.

六、民办高校教师专业发展动力提升策略研究

民办高校教师专业发展提升策略的研究主要聚焦在改善外部环境、完善教师专业发展运行机制、促进教师个人发展三个方面：一是营造更加公平和有利的外部环境。相关研究指出要积极营造和谐校园文化、创造有利的职业成长空间、注重职业规划教育、加强专业发展平台建设、改善组织支持系统。不仅要关注教师获取的经济报酬、职业声望与安全性、与领导和同事的关系，也要关注教师工作状态、专业提升的空间等。① 二是完善教师专业发展运行机制，着力提升教师专业发展动力水平。国家要建立健全教师发展政策，保障民办高校教师的基本薪资和福利，在科研项目上给予资金支持。学校要不断丰富教师专业能力提升的渠道，拓展教师专业发展空间；② 加强教师思想引导，优化教师职称晋升通道；完善学校软硬件设施建设，改善教师专业发展环境。三是加强教师专业能力建设。个人要树立积极向上的发展理念，提高自主发展意识。③ 为适应民办高校转型发展，教师应主动了解最新的行业、产业技术发展趋势，提高实践应用能力和技术研发能力，加强自身专业能力建设。④

第二节　研究述评

随着我国民办高等教育的迅速发展，民办高校教师队伍日益壮大，民办

① 王义宁，季六祥．民办高校教师专业发展的逻辑进路与实践选择[J]．教师教育学报，2020(3)：8-16.

② 李海峰，邸俊燕．归属感：民办高校教师队伍建设的关键［J］．继续教育研究，2012（2）：68-70.

③ 熊云，林太鹤．民办高校青年教师专业发展动力研究：基于人口学变量上的实证分析［J］．四川职业技术学院学报，2020（1）：122-128.

④ 王义宁．民办高校教师专业发展的内涵及其特征[J]．吉林广播电视大学学报，2020(2)：7-8.

高校教师专业发展得到学者的广泛关注。而目前学界对教师专业发展动力方面的研究主要集中在公办高校内，民办高校教师专业发展动力的研究不多。内在动力的研究较多关注个体需要、个体发展意识、职业道德、教师信念等方面，外部动力的研究多以外部支持条件的研究为主，包括组织、制度、资源、学校氛围等方面。关于民办高校教师发展动力的研究系统性不够，缺乏具体可行的分析框架，研究现状如下。

首先，研究内容和研究角度较为全面。综合国内外研究，发现教师专业发展动力研究的必要性已成为学界和业界的广泛共识，相关研究主要集中于教师专业发展需求、教师专业发展影响因素、教师专业发展提升实践案例、教师专业发展现状及提升策略、教师专业发展有效性分析等。研究涉及的内容较为全面，研究的角度比较广泛，研究成果较为丰富，为后续研究提供了扎实的理论基础。

其次，研究深度及系统性有待加强。总体来说，教师专业发展动力的系统性研究较少，探讨教师专业发展动力尤其是民办高校教师专业发展动力及内在机理的研究非常有限。组织动力和社会支持动力方面的研究较为笼统，大多包含在组织保障和对策建议之中，较为微观。可以说，教师专业发展动力的系统性研究不足。面对新时期民办高校转型发展、分类管理政策推进及职业教育战略发展等背景，需要在提升教师专业发展动力方面提出有效策略。

最后，研究方法有待进一步拓展。从现有研究看，民办高校教师专业发展研究多以理论思辨、经验总结等为主。虽然这基本符合我国当前民办高校教师专业发展研究现状，也契合我国民办高校教师发展相关研究起步较晚的现实。但总体而言，现有研究的质量相对不高、重复性研究较多、研究方法不尽规范、实证研究数量较少，对当前实践中民办高校教师专业发展的现实问题指导有限，为后续研究的开展留下了空间。

第二章

民办高校教师专业发展动力现状

本章主要采用文献研究、政策分析等方式，构建民办高校教师专业发展动力各级维度内容，并通过专家意见征询进行论证，构建民办高校教师专业发展动力的理论模型，编制民办高校教师专业发展动力的调查问卷，为量化研究提供研究工具。

第一节　教师专业发展动力现状

对教师专业发展动力水平进行的总体水平分析、相关分析和回归分析显示，教师专业发展动力水平均值为3.78，变异系数为0.132。皮尔逊相关分析结果显示，教师内在动力与组织支持动力、社会支持动力之间存在显著中度正相关。在回归模型中，对“教师内在动力”效标变量有显著影响的预测变量为“制度支持”“文化支持”“社会评价”。具体来看，教师内在动力水平均值为4.14，变异系数为0.106，组织支持动力水平均值为3.68，变异系数为0.163，社会支持动力水平均值为3.58，变异系数为0.187。

一、教师专业发展动力的水平分析

（一）总体水平分析

数据分析中，均值换算成百分比，能用于表示样本对选项作答的水平程度。计算公式为：换算百分比 =（M－1）/（点数－1）×100%。[①] 教师专业发展动力总体均值为181.41分，占量表满分240分的75.6%，经统计，教师专业发展动力得分在平均分以上的教师有846人，占样本教师总人数的50.4%。教师专业发展题项均值为3.78，采用李克特量表，点数为5，换算百

① 吴明隆.问卷统计分析实务：SPSS操作与应用［M］.重庆：重庆大学出版社，2010：313.

分比数据为 69.5 分，说明民办高校教师专业发展动力的总体水平较高，教师专业发展动力较强。

表 2-1 教师专业发展动力各维度均值表

维度	维度均值	维度中值	极小值	极大值	均值（M）	换算百分比	标准差（SD）	变异系数（CV）	t 值
教师专业发展动力	181.41	182	98	240	3.78	69.5	0.50	0.132	308.53***
教师内在动力	58.00	57	38	70	4.14	78.5	0.44	0.106	383.64***
组织支持动力	66.16	67	27	90	3.68	67	0.60	0.163	249.47***
社会支持动力	57.25	58	24	80	3.58	64.5	0.67	0.187	218.14***

注：*** 表示 P<0.001，下同

从三个一级维度来看，教师内在动力均值（M=4.14）最高，换算百分比为 78.5 分，表明样本总体的教师内在动力水平较高；组织支持动力均值较低（M=3.68），换算百分比为 67 分；社会支持动力均值（M=3.58）得分最低（P<0.001），换算百分比为 64.5 分，表明样本总体对社会支持动力水平评价较低。从标准差的数值来看，标准差的数值都比较小，表示样本教师看法间的差异较小。其中，教师内在动力的标准差最小，为 0.44，表示在三个一级维度中，样本教师对教师内在动力的看法差异最小。教师专业发展动力的变异系数为 0.132，变异系数较低，表明民办高校教师专业发展动力测评结果协调度和一致性较高。参考各维度中值得分可知，民办高校教师专业发展动力较好。（表 2–1）

（二）相关分析

对教师内在动力、组织支持动力和社会支持动力进行皮尔逊相关分析。结果显示，教师内在动力与组织支持动力、社会支持动力之间相关系数大于 0.4，存在显著中度正相关，表明教师内在动力越高，组织支持动力、社会支持动力也越高，变量间的可决系数 r^2 为 0.24、0.16，表示教师内在动力水平可以被组织支持动力水平和社会支持动力水平解释的变异量分别为 24% 和 16%，相对地，组织支持动力水平可以被教师内在动力水平解释的变异量也为 24%，社会支持动力水平可以被教师内在动力水平解释的变异量也为 16%；组织支持动力与社会支持动力之间相关系数大于 0.8，存在显著高度正相关，表明组织支持动力越高，社会支持动力也越高，变量间的可决系数 r^2 为 0.65，表示组织支持动力水平可以被社会支持动力水平解释的变异量为 65%，相对地，社会支持动力水平可以被组织支持动力水平解释的变异量也为 65%。

在各二级维度中，数据显示，文化支持动力与专业信念和专业效标之间的相关系数大于 0.4，存在显著中度正相关，表明文化支持动力水平越高，教师专业信念、教师专业效标水平也越高，变量间的可决系数 r^2 分别为 0.16、0.23，表示文化支持动力可以被教师专业信念水平解释的变异量为 16%，相对地，教师专业信念水平可以被文化支持动力水平解释的变异量也为 16%，组织文化支持动力可以被教师专业效标解释的变异量为 23%，反之亦然。

政策支持动力与制度支持动力、物质支持动力之间的相关系数大于 0.6，存在显著高度正相关，表明政策支持动力水平越高，组织制度支持动力、物质支持动力也越高，变量间的可决系数 r^2 分别为 0.41、0.47，表示政策支持动力可以被制度支持动力水平解释的变异量为 41%，政策支持动力可以被物质支持动力解释的变异量为 47%，反之亦然。政策支持动力与文化支持动力之间的相关系数大于 0.4，存在显著中度正相关，表明政策支持动力水平越高，文化支持动力也越高，变量间的可决系数 r^2 为 0.34，表示政策支持动力可以被文化支持动力解释的变异量为 34%，反之亦然。

行业支持动力与制度支持动力、文化支持动力、物质支持动力之间的相关系数大于 0.6，存在显著高度正相关，表明行业支持动力越高，制度支持动力、文化支持动力、物质支持动力也越高，变量间的可决系数 r^2 分别为 0.46、0.41、0.56，表示行业支持动力可以被制度支持动力解释的变异量为 46%，行业支持动力可以被文化支持动力解释的变异量为 41%，行业支持动力可以被物质支持动力解释的变异量为 56%，反之亦然。

社会评价动力与教师专业效标之间的相关系数大于 0.4，存在显著中度正相关，表明社会评价动力水平越高，教师专业发展效标也越高，变量间的可决系数 r^2 为 0.16，表示社会评价动力可以被教师专业效标解释的变异量为 16%，反之亦然。社会评价动力与制度支持动力、文化支持动力、物质支持动力之间的相关系数大于 0.6，存在显著高度正相关，表明社会评价动力水平越高，制度支持动力、文化支持动力、物质支持动力也越高，变量间的可决系数 r^2 分别为 0.37、0.38、0.50，表示社会评价动力可以被制度支持动力解释的变异量为 37%，社会评价动力可以被文化支持动力解释的变异量为 38%，社会评价动力可以被物质支持动力解释的变异量为 50%，反之亦然。参见表 2-2。

表 2-2 教师专业发展动力各维度水平相关分析表

	1	2	3	4	5	6	7	8	9	10	11	12
1. 教师内在动力	1											
2. 专业信念	0.705**	1										
3. 专业愿景	0.847**	0.378**	1									
4. 专业效标	0.908**	0.526**	0.653**	1								
5. 组织支持动力	0.489**	0.367**	0.384**	0.457**	1							
6. 制度支持	0.423**	0.267**	0.380**	0.385**	0.886**	1						
7. 文化支持	0.506**	0.400**	0.379**	0.477**	0.868**	0.722**	1					
8. 物质支持	0.417**	0.335**	0.306**	0.396**	0.931**	0.706**	0.707**	1				

续表

	1	2	3	4	5	6	7	8	9	10	11	12
9. 社会支持动力	0.404**	0.295**	0.327**	0.375**	0.807**	0.704**	0.667**	0.777**	1			
10. 政策支持	0.331**	0.244**	0.273**	0.300**	0.717**	0.642**	0.585**	0.683**	0.914**	1		
11. 行业支持	0.385**	0.272**	0.320**	0.355**	0.779**	0.677**	0.642**	0.751**	0.960**	0.799**	1	
12. 社会评价	0.422**	0.321**	0.316**	0.406**	0.728**	0.612**	0.614**	0.709**	0.869**	0.687**	0.800**	1

注：* 表示 $P<0.05$，** 表示 $P<0.01$，下同

（三）回归分析

为深入探讨教师专业发展组织支持动力、社会支持动力对教师内在动力的影响，本研究通过多元回归分析，将教师内在动力作为效标变量，将组织支持动力、社会支持动力作为预测变量，采用强迫输入法运行。

分析数据显示，容忍度数值介于 0.218 至 0.392，VIF 值介于 2.553 至 4.583，六个预测变量的容忍度值均在 0.300 附近，方差膨胀系数值均在 5.000 以内，未大于评鉴指标值 10，表明进入回归方程式的预测变量间多元共线性的问题不是很明显。①

由表 2–3 可知，六个预测变量与教师内在动力的多元相关系数为 0.530，决定系数（R^2）为 0.280，R^2 改变量等于 R^2 统计量 0.280，表示六个预测变量共可解释“教师内在动力”变量 28% 的变异量。F 值为 108.504，P 值为 0.000，表明回归模型整体解释变异量达到显著水平。标准化回归模型如下：

教师内在动力 =0.082 × 制度支持 +0.361 × 文化支持 +0.034 × 物质支持 –0.064 × 政策支持 –0.037 × 行业支持 +0.200 × 社会评价

标准化回归系数 β 可作为预测变量间解释力的比较，β 的绝对值愈大，表示自变量对效标变量的影响愈大。在六个预测变量中，“文化支持”对效

① 吴明隆．问卷统计分析事务：SPSS 操作与应用［M］．重庆：重庆大学出版社，2010：390.

标变量的影响较大，其次是“社会评价”，第三是“制度支持”。“政策支持”和“行业支持”的β值为负，表示其对效标变量的影响为负向。在回归模型中，对“教师内在动力”效标变量有显著影响的预测变量为“制度支持”“文化支持”“社会评价”，“物质支持”“政策支持”“行业支持”三个预测变量的回归系数均未达到显著。

表 2-3　组织支持动力、社会支持动力对教师内在动力复回归分析摘要表

预测变量	B	标准误	Beta（β）	t 值
截距	2.511	0.066		37.810
制度支持	0.050	0.021	0.082	2.419*
文化支持	0.272	0.025	0.361	10.894***
物质支持	0.022	0.024	0.034	0.921n.s.
政策支持	–0.035	0.020	–0.064	–1.798n.s.
行业支持	–0.023	0.027	–0.037	–0.838n.s.
社会评价	0.142	0.026	0.200	5.500***
R=0.530　R^2=0.280　调整后 R^2=0.278　F=108.504***　DW=1.885				

注：n.s. 表示 P>0.05，下同

数据结果表明，文化支持对教师专业发展内在动力影响最大，其次为社会评价。可以看出，这些问题都和民办高校教师的组织环境和社会环境有着紧密的联系和影响，尤其集中表现在文化支持、社会评价和制度支持三个方面。

二、教师专业发展的内在动力水平

教师专业发展的内在动力水平整体均值为 58 分，为满分 70 分的 82.9%，

经统计，教师专业发展内在动力得分在平均分以上的教师共 932 人，占样本教师总数的 55.6%。教师专业发展的内在动力水平在三个一级维度中最高，表明教师本人专业发展的积极性较高，专业发展动力较足。

表 2-4　教师专业发展内在动力各维度均值表

维度	维度均值	维度中值	极小值	极大值	均值（M）	换算百分比	标准差（SD）	变异系数（CV）	t 值
教师内在动力	58.00	57	38	70	4.14	78.5	0.44	0.106	383.64***
专业信念	18.36	19	11	20	4.59	89.6	0.46	0.100	412.253***
专业愿景	14.77	15	6	20	3.69	67.3	0.66	0.179	229.846***
专业效标	24.88	24	13	30	4.15	78.8	0.49	0.118	345.787***

从教师专业发展内在动力的二级维度来看，专业信念均值（M=4.59）得分最高，换算百分比为 89.6 分，表明样本总体专业信念的动力水平较高；专业愿景均值（M=3.69）得分最低（$P<0.001$），换算百分比为 67.3 分，表明样本总体专业愿景水平稍微偏高。标准差的数值都比较小，表示样本教师看法间的差异较小。其中，教师专业信念的标准差最小，为 0.46，表示在三个二级维度中，样本教师对教师信念的看法差异最小。各维度变异系数均较低，表明测评结果协调度和一致性较高。参考各二级维度中值得分可知，民办高校教师专业发展内在动力较高。从教师专业发展内在动力各维度的极大值和极小值来看，得分两极分化严重，说明民办高校教师专业发展内在动力水平个体差异很大。（表 2–4）

数据表明，民办高校教师专业发展信念很高，教师对提升专业发展水平信念坚定；教师专业发展愿景不高，表明教师对专业发展的未来期望不高；教师专业发展内在动力水平在个体之间存在显著差异。

三、教师专业发展的组织支持动力水平

教师专业发展的组织支持动力水平整体均值为66.16分，为满分90分的73.5%。经统计，教师专业发展组织支持动力得分在平均分以上的教师共811人，占样本教师总数的48.4%，在三个一级维度中居中，表明教师专业发展能在一定程度上得到学校的积极支持。

表2-5　教师专业发展组织支持动力各维度均值表

维度	维度均值	维度中值	极小值	极大值	均值（M）	换算百分比	标准差（SD）	变异系数（CV）	t值
组织支持动力	66.16	67	27	90	3.68	67	0.60	0.163	249.47***
制度支持	17.09	17	5	25	3.42	60.5	0.73	0.213	191.752***
文化支持	19.40	20	7	25	3.88	72	0.59	0.152	270.593***
物质支持	29.66	31	13	40	3.71	67.8	0.68	0.183	222.677***

从教师专业发展组织支持动力的二级维度来看，文化支持动力均值最高，为3.88，换算百分比为72分，表明样本教师总体认为学校文化支持动力水平较高；制度支持均值最低，为3.42，换算百分比为60.5分，表明教师专业发展的制度支持动力水平相对偏低。标准差的数值都较小，表示样本教师看法间的差异较小。其中，文化支持的标准差最小，为0.59，表示在三个二级维度中，样本教师对文化支持动力的看法差异最小。各维度变异系数均较低，表明测评结果协调度和一致性较高。参考各二级维度中值得分可知，民办高校教师专业发展组织支持动力较高。从教师专业发展组织支持动力各维度的极大值和极小值来看，得分两极分化严重，说明民办高校教师专业发展组织支持动力水平个体差异很大。（表2–5）

数据表明，组织支持动力中，民办高校教师专业发展的文化支持动力水平最高，学校能够营造支持教师专业发展的文化氛围；教师专业发展制度支持动力相对最低，表明学校在专业发展的制度支持和建设方面仍然不足；教师专业发展组织支持动力水平在个体之间存在显著差异。

四、教师专业发展的社会支持动力水平

教师专业发展的社会支持动力水平整体均值为 57.25 分，为满分 80 分的 71.6%。经统计，教师专业发展社会支持动力得分在平均分以上的教师共 807 人，占样本教师总数的 48.1%。表明样本总体对专业发展的社会支持动力水平相对居中，在三个一级维度中最低。

表 2-6　教师专业发展社会支持动力各维度均值表

维度	维度均值	维度中值	极小值	极大值	均值（M）	换算百分比	标准差（SD）	变异系数（CV）	t 值
社会支持动力	57.25	58	24	80	3.58	64.5	0.67	0.187	218.14***
政策支持	17.56	18	5	25	3.51	62.8	0.81	0.231	177.93***
行业支持	24.79	25	7	35	3.54	63.5	0.73	0.206	199.46***
社会评价	14.90	15	7	20	3.72	68	0.62	0.167	244.52***

从教师专业发展社会支持动力的二级维度来看，社会评价动力均值最高，为 3.72，换算百分比为 68 分，表明样本总体的专业发展社会评价动力水平较高；政策支持均值最低，为 3.51，换算百分比为 62.8 分，表明教师专业发展的政策支持水平相对偏低。标准差的数值都较小，表示样本教师看法间的差异不大。其中，社会评价的标准差最小，为 0.62，表示在三个二级维度中，

样本教师对社会评价的看法差异最小。各维度变异系数均较低，表明测评结果协调度和一致性较高。参考各二级维度中值得分可知，民办高校教师专业发展社会支持动力较高。从教师专业发展社会支持动力各维度的极大值和极小值来看，得分两极分化严重，说明民办高校教师专业发展社会支持动力水平个体差异很大。（表 2-6）

数据表明，社会支持动力中，民办高校教师专业发展的社会评价水平最高，社会对民办高校教师专业发展的水平比较关注和认可；教师专业发展政策支持水平相较最低，表明国家和地方政府对民办高校教师的政策支持力度仍然不足；教师专业发展社会支持动力水平在个体之间存在显著差异。

第二节　教师专业发展动力差异

为验证假设 2：民办高校教师专业发展动力水平在教师性别、身份、年龄、教龄、受教育程度、职称、在本校工作年限等特征方面存在差异，根据变量属性，分别采用独立样本 T 检验和 F 检验，分析不同变量特征下的民办高校教师专业发展动力水平。

一、总体差异水平分析

本研究分别采用独立样本 T 检验和差异检验分析方法，分析不同人口统计学变量下教师专业发展动力水平。人口统计学变量分为个人背景变量和教学背景变量。个人背景变量主要有性别、身份、年龄、在本校的工作年限、税后月收入；教学背景变量主要包括教龄、受教育程度、职称、学期承担课程门数、学期周授课学时数。

（一）不同性别教师专业发展动力差异分析

采用独立样本 T 检验分析发现，不同性别教师专业发展动力水平不存在显著差异，女教师的专业信念（M=4.61）高于男教师（M=4.55），差异显著（P<0.001）；男教师的专业发展愿景（M=3.77）高于女教师（M=3.66），差异显著（P<0.001）；不同性别教师在组织支持动力及社会支持动力方面不存在显著差异。（表 2–7）

研究结果显示，男教师在撰写高水平学术论文、承担高级别研究课题等方面的专业发展愿景显著高于女教师。从数据来看，正高级职称的女教师占正高级职称人数的 32.14%，“如果一个群体的代表人数在总人口中的比例过高或过低，就可能推论出这个群体是相对强势还是相对弱势的。”[①] 可以看出，民办高校女教师相对弱势，她们从社会对男女性别差异认知中会主动降低自己的专业发展愿景和学术能力期望。另有研究显示，男教师的期刊产出折合数最大值明显高于女教师，男教师在科研发展方面占明显优势。[②] 同时，女教师在兼顾事业发展的同时还要操持家务、照顾家人，这也在一定程度上影响了专业发展动力。

表 2-7　独立样本 T 检验统计表

变量	性别	均值	标准差	t
教师专业发展动力	男	3.76	0.509	–1.034
	女	3.79	0.499	
教师内在动力	男	4.16	0.466	1.108
	女	4.14	0.432	
专业信念	男	4.55	0.464	–2.403*
	女	4.61	0.451	

① 威廉·多姆霍夫．谁统治美国：权力、政治和社会变迁［M］．吕鹏，闻翔，译．南京：译林出版社，2009：31.

② 王一帆，冯瑛．高校年长教师的内外职业发展特征及影响因素研究［J］．中国成人教育，2018（19）：53-56.

续表

变量	性别	均值	标准差	t
专业愿景	男 女	3.77 3.66	0.685 0.643	3.370**
专业效标	男 女	4.16 4.14	0.502 0.487	0.812
组织支持动力	男 女	3.64 3.69	0.607 0.601	−1.433
制度支持	男 女	3.38 3.44	0.740 0.726	−1.566
文化支持	男 女	3.85 3.89	0.600 0.581	−1.527
物质支持	男 女	3.68 3.72	0.696 0.676	−0.983
社会支持动力	男 女	3.54 3.59	0.685 0.666	−1.507
政策支持	男 女	3.48 3.53	0.833 0.798	−1.221
行业支持	男 女	3.51 3.56	0.744 0.720	−1.274
社会评价	男 女	3.68 3.74	0.630 0.620	−1.913

（二）不同归属地教师专业发展动力差异分析

按照民办高校教师工作地区将样本划分为西部、中部、东部三类。不同归属地教师的专业发展动力水平存在显著差异。中部地区教师专业发展动力水平（M=3.85）显著高于东部地区（M=3.76）；东部地区教师专业发展动力水平显著高于西部地区（M=3.66）。

进行事后比较，分析不同归属地民办高校教师专业发展动力的具体差异情况。从事后检验的分析结果和均值比较可以得出：不同地区教师专业发展内在动力水平存在显著差异。中部地区教师内在动力水平（M=4.21）显著高于西部地区（M=4.04）和东部地区（M=4.10）。

不同地区教师专业发展组织支持动力水平存在显著差异，中部地区（M=3.76）与东部地区（M=3.69）显著高于西部地区（M=3.51）。

不同地区教师专业发展社会支持动力水平存在显著差异，中部地区（M=3.64）显著高于西部地区（M=3.49）。见表 2-8、附录 1。

本研究结果显示，中部地区民办高校教师专业发展动力及各二级维度动力均高于东部和西部地区，原因可能在于，中部地区样本数量大于东部和西部地区。从各地统计公报数据看，位于中部地区的河南省人口数量 2019 年和 2020 年均位居全国第三，山西省人口数量居全国第 18 位，人口数量多导致各行业竞争压力大，民办高校也不例外，教师都希望通过专业发展提高自身竞争力，立足专业，站稳讲台。浙江省人口数量虽然居全国第 10 位，但因样本总量中浙江省样本数量低于中部地区两个省份样本数量，所以中部地区动力水平高，体现得更加充分。

表 2-8　不同地区教师专业发展动力及各维度得分的差异分析

变量		n	教师专业发展动力	教师内在动力	组织支持动力	社会支持动力
归属地	西部	538	3.66 ± 0.47	4.04 ± 0.42	3.51 ± 0.58	3.49 ± 0.64
	中部	970	3.85 ± 0.51	4.21 ± 0.43	3.76 ± 0.60	3.64 ± 0.69
	东部	169	3.76 ± 0.50	4.10 ± 0.49	3.69 ± 0.59	3.53 ± 0.63
	F	—	25.440***	25.062***	30.572***	8.519***

（三）不同身份教师专业发展动力差异分析

不同身份教师专业发展的动力水平上存在显著差异。其中，“兼校部中层领导的教师”（M=3.96）、“兼院系领导的教师”（M=3.91）、“兼行政工作的教师”（M=3.87）及专任教师（M=3.78）的专业发展动力水平显著高于“兼辅导员的教师”（M=3.68）；“兼院系领导的教师”专业发展动力水平显著高于专任教师。

不同身份的教师在专业发展内在动力水平上存在显著差异。其中，专任教师的内在动力水平（M=4.17）显著高于“兼行政工作的教师”（M=4.06）和“兼辅导员的教师”（M=3.98）；“兼院系领导的教师”内在动力水平（M=4.21）显著高于“兼行政工作的教师”（M=4.06）和“兼辅导员的教师”（M=3.98）；“兼校部中层领导的教师”内在动力水平（M=4.22）显著高于“兼辅导员的教师”（M=3.98）。从数据来看，“兼院系领导的教师”和“专任教师”的内在动力水平较高，“兼校部中层领导的教师”内在动力水平显著高于“兼辅导员的教师”，“兼辅导员的教师”内在动力水平最低。

不同身份的教师在专业发展组织支持动力水平上存在显著差异。其中，“兼行政工作的教师”组织支持动力水平（M=3.81）显著高于“专任教师”（M=3.66）和“兼辅导员的教师”（M=3.57）；“兼院系领导的教师”组织支持动力水平（M=3.89）显著高于“专任教师”和“兼辅导员的教师”；“兼校部中层领导的教师”组织支持动力水平（M=4.01）显著高于“兼辅导员的教师”。从数据来看，“兼行政工作的教师”“兼院系领导的教师”“兼校部中层领导的教师”组织支持动力水平均显著高于专任教师和“兼辅导员的教师”。

不同身份的教师在专业发展社会支持动力水平上存在显著差异。“兼行政工作的教师”社会支持动力水平（M=3.76）显著高于“专任教师”（M=3.56）和“兼辅导员的教师”（M=3.54）。见表 2–9、附录 2。

本研究结果显示，民办高校兼任院系领导的教师专业发展动力显著高于专任教师；兼任辅导员的教师专业发展内在动力水平最低；专任教师和兼辅导员的教师，组织支持动力和社会支持动力水平均显著低于其他身份教师。这与公办高校兼任辅导员的教师专业发展水平较低的状况基本一致。原因主要有三点：一是民办高校的企业化管理特点鲜明，行政权力作用更加突出，兼任管理岗位的教师主要来源于教师群体中的优秀者，是教学管理的内行，懂得教学科研工作如何开展，对学校的规章制度理解更加透彻，在教师中的威望更高，能够较好地处理各种人际关系，工作氛围和谐，相较于专任教师更易获取较多的学术资源、话语权和晋升机会，对自身的专业发展促进作用明显。二是虽然国家对高校辅导员的教师和学生管理干部的双重身份进一步确认，但兼任辅导员的教师要走专业发展之路，就必须和专任教师一样在教学、科研和社会服务方面符合要求，而兼任辅导员的教师工作任务比较繁重、工作边界不清晰[①]、工作成就感低[②]、职业流动性大[③]、学术研究意识不强、研究工作开展积极性不高，制约了兼任辅导员的教师专业发展内在动力，与教师专业发展的要求存在一定差距。三是专任教师和兼辅导员的教师往往要更加专注于具体业务性工作，对于政策的把握、制度的了解、文化氛围的感知不够，参与社会评价方面机会不多。

---

① 赵东方．如何提高普通高等学校辅导员的专业性［J］．中国高等教育，2018（2）：45-47.

② 张宏亮，柯柏玲，戴湘竹．基于卡方检验法的高校辅导员职业倦怠影响因素分析及对策［J］．思想政治教育研究，2020（3）：147-151.

③ 焦佳．新时代高校辅导员队伍专业化发展的路径选择［J］．思想理论教育，2018（7）：92-96.

表 2-9　不同身份教师专业发展动力及各维度得分的差异分析

变量		n	教师发展动力	教师内在动力	组织支持动力	社会支持动力
身份	专任教师	1277	3.78 ± 0.50	4.17 ± 0.43	3.66 ± 0.60	3.56 ± 0.67
	兼行政工作的教师	114	3.87 ± 0.47	4.06 ± 0.48	3.81 ± 0.52	3.76 ± 0.62
	兼辅导员的教师	188	3.68 ± 0.53	3.98 ± 0.44	3.57 ± 0.64	3.54 ± 0.69
	兼院系领导的教师	71	3.91 ± 0.50	4.21 ± 0.43	3.89 ± 0.60	3.67 ± 0.66
	兼校部中层领导的教师	27	3.96 ± 0.42	4.22 ± 0.49	4.01 ± 0.52	3.66 ± 0.63
	F	—	4.890**	9.740***	7.521***	2.990*

（四）不同年龄教师专业发展动力差异分析

不同年龄教师在专业发展动力水平上存在显著差异。60 岁以上教师专业发展动力水平（M=4.01）显著高于 50 岁以内教师。主要原因在于 60 岁以上的教师基本为高级职称教师，专业发展比较成熟，专业动力水平较高。

不同年龄教师在专业发展内在动力水平上存在显著差异。60 岁以上年龄教师内在动力水平（M=4.34）显著高于其他年龄段教师。

不同年龄教师在专业发展组织支持动力水平上不存在显著差异。

不同年龄教师在专业发展社会支持动力水平上存在显著差异。其中，30 岁以下年龄教师社会支持动力水平（M=3.61）显著高于 41—50 岁年龄教师（M=3.43）；51—60 岁年龄教师社会支持动力水平（M=3.70）显著高于 41—50 岁年龄教师（M=3.43）；60 岁以上教师社会支持动力水平（M=3.83）显著高于 50 岁以内教师。见表 2-10、附录 3。

表 2-10　不同年龄教师专业发展动力及各维度得分的差异分析

变量		n	教师专业发展动力	教师内在动力	组织支持动力	社会支持动力
年龄	30 岁以下	671	3.78 ± 0.50	4.12 ± 0.43	3.66 ± 0.62	3.61 ± 0.67
	31—35 岁	526	3.76 ± 0.51	4.12 ± 0.44	3.65 ± 0.61	3.55 ± 0.69
	36—40 岁	294	3.78 ± 0.51	4.16 ± 0.46	3.69 ± 0.60	3.54 ± 0.70
	41—50 岁	83	3.73 ± 0.39	4.16 ± 0.44	3.66 ± 0.53	3.43 ± 0.51
	51—60 岁	40	3.86 ± 0.44	4.16 ± 0.44	3.77 ± 0.48	3.70 ± 0.55
	60 岁以上	63	4.01 ± 0.45	4.34 ± 0.44	3.90 ± 0.57	3.83 ± 0.60
	F	—	3.187**	2.972*	2.195	3.684**

（五）不同教龄教师专业发展动力差异分析

从分析结果看，不同教龄的教师在专业发展动力水平上不存在显著差异。其中，组织支持动力水平和社会支持动力水平均不存在显著差异。

但是，不同教龄教师的专业发展内在动力水平存在显著差异。其中，“7—18 年”教龄教师内在动力水平（M=4.17）显著高于“4—6 年”教龄教师（M=4.09）；“30 年以上”教龄教师内在动力水平（M=4.28）显著高于“1—3 年”（M=4.13）、“4—6 年”（M=4.09）、“7—18 年”（M=4.17）教龄教师。见表 2-11、附录 4。

本研究结果显示，教龄为 7—18 年的民办高校教师专业发展内在动力高于青年教师。这与王义宁（2019）的部分研究结果基本一致。[①] 即主要原因在于，教龄 7—18 年的教师年龄基本在 35 岁到 50 岁之间，这部分教师大多为讲师或副教授职称，具有一定的教学经验，教学效果得到认可，积累了一

① 王义宁．民办高校教师专业发展自我评价的实证研究：以广东为例［J］．高教探索，2019（5）：95-102.

定的研究能力，拥有一定的研究成果，专业发展的内在动力相对较高。而教龄 4—6 年的教师基本处于从助教向讲师晋升阶段，教学和科研需要齐头并进，压力比较大，困难和挫折较多，因此专业发展内在动力显得不足。

表 2-11　不同教龄教师专业发展动力及各维度得分的差异分析

变量		n	教师专业发展动力	教师内在动力	组织支持动力	社会支持动力
教龄	1—3 年	712	3.78 ± 0.50	4.13 ± 0.44	3.66 ± 0.61	3.60 ± 0.67
	4—6 年	309	3.74 ± 0.49	4.09 ± 0.43	3.66 ± 0.58	3.54 ± 0.66
	7—18 年	546	3.77 ± 0.51	4.17 ± 0.45	3.67 ± 0.61	3.54 ± 0.69
	19—30 年	39	3.84 ± 0.48	4.24 ± 0.44	3.75 ± 0.59	3.61 ± 0.61
	30 年以上	71	3.93 ± 0.45	4.28 ± 0.45	3.81 ± 0.56	3.76 ± 0.60
	F	—	2.114	3.651**	1.145	2.308

（六）不同本校工作年限教师专业发展动力差异分析

不同本校工作年限的教师在专业发展动力水平上不存在显著差异，但在社会支持动力水平上存在显著差异。在本校工作年限“1—5 年”的教师社会支持动力水平（M=3.61）显著高于“6—10 年”的教师（M=3.50）；在本校工作年限“15 年以上”的教师社会支持动力水平（M=3.70）显著高于“6—10 年”的教师（M=3.50）。

本研究结果显示，在本校工作“6—10 年”的教师社会支持动力水平在四个观测变量中分值最低，既显著低于在本校工作年限不足 5 年的教师，也显著低于工作“15 年以上”的教师。结合访谈分析，原因可能在于，工作“6—10 年”的样本教师中 74% 的教师为讲师，正处于职称晋升的关键时期，在教学、科研的双重压力下，较少关注国家和地方出台的民办高校教师专业发展相关支持政策，主观认为政策支持动力不足；到企业寻求横向研发技改项目支持不太顺畅，认为企业对民办高校教师专业发展支持动力不够。在本校工作年限不足 5 年的教师，大多为刚入职的新教师，比较认同自己的职业选择，也认为国家和社会对民办高等教育和教师的评价正向良好。校龄 15 年以上的教师对学校已经产生了较为深厚的感情，他们自身对学校认可度较高，这种影响使其对社会的评价也相应较高。见表 2–12、附录 5。

表 2-12 不同本校工作年限教师专业发展动力及各维度得分的差异分析

变量		n	教师专业发展动力	教师内在动力	组织支持动力	社会支持动力
在本校的工作年限	1—5 年	1020	3.79 ± 0.50	4.15 ± 0.44	3.68 ± 0.61	3.61 ± 0.67
	6—10 年	352	3.74 ± 0.50	4.16 ± 0.44	3.63 ± 0.59	3.50 ± 0.68
	11—15 年	249	3.77 ± 0.52	4.11 ± 0.46	3.70 ± 0.61	3.55 ± 0.69
	15 年以上	56	3.86 ± 0.47	4.13 ± 0.47	3.78 ± 0.56	3.70 ± 0.60
	F	—	1.384	0.732	1.404	3.109^{*}

（七）不同受教育程度教师专业发展动力差异分析

不同受教育程度教师在专业发展动力水平上不存在显著差异。

但不同受教育程度的教师在专业发展内在动力水平上存在显著差异，总体呈现出教师受教育程度越高内在动力水平就越高的特征。其中，本科学历教师内在动力水平（M=4.09）显著高于专科及以下学历教师（M=3.73）；硕士研究生学历教师内在动力水平（M=4.16）显著高于本科学历教师（M=4.09）；博士研究生及以上学历教师内在动力水平（M=4.33）显著高于其他学历教师。不同受教育程度的教师在专业发展社会支持动力水平上存在显著差异。本科学历教师社会支持动力水平（M=3.68）显著高于专科及以下学历（M=3.18）和硕士研究生学历教师（M=3.56）。见表 2–13、附录 6。

本研究结果显示，教师的受教育程度越高，专业发展的内在动力水平就越高。本科学历的教师专业发展的社会支持动力显著高于硕士研究生学历教师。原因可能在于，受教育程度越高，教师所拥有的专业知识功底就越深厚，学术研究能力就越强，在教学科研工作中表现得就越得心应手，有研究表明，高学历教师对教育发展的贡献率远高于低学历教师。① 本科学历的教师专业发展的社会支持动力显著高于硕士研究生学历教师，原因可能在于，本科学历的教师认为在民办高校工作是不错的选择，相信民办高校能够健康发展，能够比更高学历的教师更自信地以民办高校教师身份面对社会各界。

表 2-13　不同受教育程度教师专业发展动力及各维度得分的差异分析

变量		n	教师专业发展动力	教师内在动力	组织支持动力	社会支持动力
受教育程度	专科及以下	7	3.47 ± 0.43	3.73 ± 0.53	3.53 ± 0.36	3.18 ± 0.71
	本科	347	3.81 ± 0.51	4.09 ± 0.48	3.72 ± 0.61	3.68 ± 0.66
	硕士	1286	3.77 ± 0.50	4.16 ± 0.43	3.67 ± 0.60	3.56 ± 0.67
	博士及以上	37	3.78 ± 0.50	4.33 ± 0.52	3.64 ± 0.69	3.47 ± 0.65
	F	—	1.462	6.407***	0.798	4.408**

（八）不同职称教师专业发展动力差异分析

不同职称教师在专业发展动力水平上存在显著差异。正高级职称教师专业发展动力水平（M=4.02）显著高于其他职称教师。

不同职称教师在专业发展内在动力水平上存在显著差异，职称越高，教师专业发展内在动力越强。其中，副高级职称教师（M=4.22）内在动力水平显著高于中级及以下职称教师；正高级职称教师内在动力水平（M=4.42）显

① 蔡文伯，任格格．普通高校专任教师队伍结构对教育发展影响的计量分析：基于 1992—2013 年的时间序列数据［J］．现代教育管理，2017（4）：58-63.

著高于其他职称教师。

不同职称教师在专业发展组织支持动力水平上存在显著差异。正高级职称教师组织支持动力水平（M=3.89）显著高于无职称教师（M=3.66）、初级职称教师（M=3.65）和中级职称教师（M=3.67）。

不同职称的教师在专业发展社会支持动力水平上存在显著差异。其中，无职称教师社会支持动力水平（M=3.65）显著高于中级职称教师（M=3.53）；正高级职称教师社会支持动力水平（M=3.83）显著高于初级职称教师（M=3.56）、中级职称教师（M=3.53）和副高级职称教师（M=3.55）。见表2-14、附录7。

本研究结果显示，正高级职称教师专业发展动力水平显著高于其他职称教师，在内在动力、组织支持动力和社会支持动力方面也显著高于其他职称教师。这与王义宁（2019）的研究发现存在部分差异。王义宁发现，具有教授职称的教师对自我的教学和学术评价都低于其他职称教师，这主要是因为民办高校的教授大部分返聘自公办高校的退休教授，他们比较自谦且相信其他人也具有这样的评价标准，同时，他们被返聘到民办高校后缺乏专业发展动力，相应的研究成果也比较少，导致自我评价不高，自我发展的动力不足。[①] 本研究中，民办高校正高级职称教师专业发展动力水平高的原因可能在于，正高级职称教师大部分是公办高校的退休教师，他们教学、科研和社会服务能力较强，社会地位和社会评价基础好，返聘到民办高校后能够继续发挥余热，为高等教育事业作出应有的贡献，他们能倾其所能为民办高校各项发展建言献策、为青年教师培养投入精力、为校企合作积极牵线搭桥、为学生培养精心备课，专业发展动力充足。

① 王义宁.民办高校教师专业发展自我评价的实证研究：以广东为例［J］.高教探索，2019（5）：95-102.

表 2-14　不同职称教师专业发展动力及各维度得分的差异分析

变量		n	教师专业发展动力	教师内在动力	组织支持动力	社会支持动力
职称	无	336	3.79 ± 0.50	4.09 ± 0.43	3.66 ± 0.62	3.65 ± 0.65
	初级	449	3.76 ± 0.52	4.12 ± 0.46	3.65 ± 0.63	3.56 ± 0.69
	中级	630	3.76 ± 0.49	4.14 ± 0.43	3.67 ± 0.58	3.53 ± 0.67
	副高级	206	3.81 ± 0.49	4.22 ± 0.44	3.73 ± 0.59	3.55 ± 0.66
	正高级	56	4.02 ± 0.45	4.42 ± 0.41	3.89 ± 0.62	3.83 ± 0.59
	F	—	4.081^{**}	8.378^{***}	2.496^{*}	3.975^{**}

（九）承担不同课程门数教师专业发展动力差异分析

承担不同课程门数教师在专业发展动力水平上不存在显著差异，但在专业发展内在动力水平上存在显著差异。其中，学期承担 1 门及以上课程的教师内在动力水平显著高于没有承担课程的教师；学期承担 4 门及以上课程的教师内在动力水平（M=4.29）显著高于学期承担 0 门（M=3.96）、1 门（M=4.15）、2 门（M=4.16）课程的教师。

学期承担不同课程门数的教师在组织支持动力水平上存在显著差异。学期承担 1 门课程的教师组织支持动力水平（M=3.72）显著高于学期承担 2 门（M=3.65）、3 门（M=3.61）课程的教师。

学期承担不同课程门数的教师在社会支持动力水平上存在显著差异。其中，学期承担 0 门课程的教师社会支持动力水平（M=3.62）显著高于学期承担 3 门（M=3.48）课程的教师；学期承担 1 门课程的教师社会支持动力水平（M=3.63）显著高于学期承担 2 门（M=3.55）、3 门（M=3.48）课程的教师。见表 2–15、附录 8。

本研究结果显示，本学期承担 4 门及以上课程的民办高校教师专业发展内在动力水平最高，承担 1 门课程的民办高校教师在专业发展的社会支持动力和组织支持动力上显著高于承担其他门次课程的教师。这不同于杨德新（2015）的"部分本科高校教师承担课程门数过多，超学时现象严重，只能疲于应付，而对于专业发展需求，教师的自主选择、自我管理和自主工作受阻严重"① 的观点原因或许在于，在本研究中承担 4 门及以上课程的样本教师主要为讲师及以下职称的青年教师（占样本量的 81%），他们受工资水平较低的影响，更愿意通过承担较多的教学任务取得较高收入，缓解家庭生活压力；另外，年轻教师精力比较充沛，学历较高，对承担的课程授课信心充足，能够通过教学过程积累教学经验，提升教学效果，因此，专业发展内在动力较高。承担 1 门课程的教师能够有更加充足的时间，理解学校和社会对民办高校教师专业发展的支持和投入，有自主专业发展的时间和精力，因此，对组织支持和社会支持认同度更高。

表 2-15　学期承担不同课程门数教师专业发展动力及各维度得分的差异分析

变量		n	教师专业发展动力	教师内在动力	组织支持动力	社会支持动力
承担课程门数	0 门	183	3.76 ± 0.51	3.96 ± 0.46	3.72 ± 0.60	3.62 ± 0.67
	1 门	639	3.82 ± 0.51	4.15 ± 0.44	3.72 ± 0.61	3.63 ± 0.68
	2 门	568	3.77 ± 0.47	4.16 ± 0.43	3.65 ± 0.58	3.55 ± 0.64
	3 门	220	3.73 ± 0.51	4.18 ± 0.43	3.61 ± 0.62	3.48 ± 0.70
	4 门及以上	67	3.77 ± 0.56	4.29 ± 0.46	3.58 ± 0.71	3.51 ± 0.73
	F	—	1.723	10.676^{***}	2.685^{*}	2.852^{*}

① 杨德新．促进高校教师自我激励的策略探析［J］．黑龙江高教研究，2015（5）：93-96.

（十）每周不同授课学时数教师专业发展动力差异分析

每周不同授课学时数教师在专业发展动力水平上不存在显著差异，但在内在动力水平方面存在显著差异，尤其是每周授课“16—30学时”的教师，内在动力水平较低。其中，每周有授课学时数的教师内在动力水平显著高于没有授课任务的教师；每周授课“30学时以上”的教师内在动力水平（M=4.27）显著高于没有授课（M=3.97）及授课“16—30学时”（M=4.14）的教师；每周授课“16—30学时”的教师，内在动力水平仅高于不授课的教师。

每周不同授课学时数教师在组织支持动力水平上存在显著差异。每周授课“0学时”（M=3.73）、“10学时以下”（M=3.71）、“10—15学时”（M=3.66）、“30学时以上”（M=3.78）的教师组织支持动力水平显著高于每周授课“16—30学时”（M=3.57）的教师。

不同授课学时数的教师在社会支持动力水平上存在显著差异。每周授课“10学时以下”（M=3.62）、“30学时以上”（M=3.75）的教师社会支持动力水平显著高于每周授课“10—15学时”（M=3.53）的教师；每周授课“30学时以上”（M=3.75）的教师显著高于每周授课“16—30学时”（M=3.56）的教师。见表2-16、附录9。

本研究结果显示，每周授课30学时以上的教师内在动力水平最高。这与史少杰（2016）的研究发现基本相同。原因可能在于，这部分教学工作量大的教师大多承担同头课，教师在授课时通过重复教学可以对教学过程各环节进行自我反思和调整，及时改进教学方法、手段，提升教学效果。[①] 因此，其专业发展内在动力较高。本研究中，授课学时数为16—30学时的教师内在动力水平、组织支持动力水平及社会支持动力水平较低的原因可能在于，这部分样本教师主要为讲师（占样本量的44%），他们面临讲师到副教授职称

① 史少杰．民办高校教师教学效能感及其影响因素分析［J］．山东高等教育，2016（10）：44-52.

晋升的关键阶段，教学任务重，高质量研究成果不多，压力感、挫败感接踵而至，易于产生对自我价值的低判，反映到专业发展内在动力上。同时，他们的专注力集中在自身的职称晋升方面，对组织支持和社会支持关注度较低。

表 2-16　每周不同授课学时数教师专业发展动力及各维度得分的差异分析

变量		n	教师发展动力	教师内在动力	组织支持动力	社会支持动力
学期周授课学时数	0 学时	183	3.76 ± 0.51	3.97 ± 0.46	3.73 ± 0.59	3.63 ± 0.67
	10 学时以下	471	3.81 ± 0.48	4.16 ± 0.45	3.71 ± 0.58	3.62 ± 0.63
	10—15 学时	741	3.77 ± 0.51	4.17 ± 0.42	3.66 ± 0.62	3.53 ± 0.70
	16—30 学时	217	3.73 ± 0.49	4.14 ± 0.45	3.57 ± 0.61	3.56 ± 0.65
	30 学时以上	65	3.91 ± 0.50	4.27 ± 0.44	3.78 ± 0.55	3.75 ± 0.67
	F	—	2.242	9.389^{***}	2.929^{*}	2.739^{*}

（十一）不同月收入教师专业发展动力差异分析

不同月收入教师在专业发展动力水平上存在显著差异。其中，税后月收入“4001—7000 元”（M=3.79）、“7001—10000 元”（M=3.88）的教师专业发展动力水平显著高于税后月收入“4000 元以下”（M=3.74）的教师；税后月收入“7001—10000 元”的教师专业发展动力水平（M=3.88）显著高于月收入“4001—7000 元”（M=3.79）的教师；税后月收入“10000 元以上”的教师专业发展动力水平（M=4.06）显著高于税后月收入“4000 元以下”的教师。

不同月收入教师在内在动力水平上存在显著差异。其中，税后月收入“7001—10000 元”的教师内在动力水平（M=4.28）显著高于税后月收入

“4000 元以下”（M=4.11）、“4001—7000 元”（M=4.14）的教师；税后月收入“10000 元以上”的教师内在动力水平（M=4.43）显著高于税后月收入“4000 元以下”及“4001—7000 元”的教师。

不同月收入教师在组织支持动力水平上存在显著差异。税后月收入“4001—7000 元”（M=3.70）、“7001—10000 元”（M=3.79）及“10000 元以上”（M=4.03）的教师组织支持动力水平显著高于税后月收入“4000 元以下”（M=3.62）的教师。见表 2-17、附录 10。

本研究结果显示，月收入水平越高，教师专业发展动力越足。其中，税后月收入 7000 元以上的教师专业发展动力水平显著高于税后月收入 7000 元以下的教师；税后月收入 4000 元以上的教师组织支持动力显著高于税后月收入 4000 元以下的教师。对数据进一步分析发现，54% 的博士学位教师月收入普遍较高；42% 的兼领导职务的教师月收入普遍较高；60% 的副高以上职称的教师月收入普遍较高；86% 的教龄超过 30 年的教师月收入普遍较高。这与沈红、熊俊峰的发现部分一致，即博士学位教师薪酬具有明显优势。在教师职业发展的第 8 年和第 14 年薪酬大幅上升，其他阶段薪酬增长较为缓慢，说明职称晋升对薪酬影响较大。[①] 原因可能在于，月收入高的教师基本为高职称、高学历、长工作年限群体，这部分教师对专业发展充满自信，专业发展水平相对较高，学科专业知识比较扎实，科学研究有一定成果，也能够获得学校的支持和重视，是学校发展的重要力量，因此专业发展动力比较充足。

① 沈红，熊俊峰．高校教师薪酬差异的人力资本解释［J］．高等教育研究，2013（9）：23-31.

表 2-17　不同税后月收入教师专业发展动力及各维度得分的差异分析

变量		n	专业发展动力	教师内在动力	组织支持动力	社会支持动力
税后月收入	4000 元以下	711	3.74 ± 0.51	4.11 ± 0.48	3.62 ± 0.63	3.56 ± 0.67
	4001—7000 元	787	3.79 ± 0.49	4.14 ± 0.43	3.70 ± 0.57	3.58 ± 0.67
	7001—10000 元	168	3.88 ± 0.51	4.28 ± 0.46	3.79 ± 0.63	3.63 ± 0.66
	10000 元以上	11	4.06 ± 0.50	4.43 ± 0.48	4.03 ± 0.67	3.76 ± 0.73
	F	—	5.040**	8.374***	6.119***	0.895

二、不同维度的差异水平分析

为进一步了解民办高校教师专业发展动力情况，本研究采取单因素分析法分析不同背景特征下民办高校教师专业发展的内在动力、组织支持动力、社会支持动力各层面的均值差异。

（一）不同背景特征民办高校教师专业发展的内在动力差异分析

1. 教师归属地

比较不同归属地的民办高校教师专业发展内在动力均值，发现在专业信念、专业愿景和专业效标方面存在显著差异。西部地区教师专业信念显著低于中部和东部地区教师；中部地区教师专业愿景和专业效标显著高于西部和东部地区教师。

本研究结果显示，西部地区教师专业信念较低，中部地区教师专业愿景和专业效标较高。原因可能在于，样本高校地处西部的宁夏回族自治区，社会经济和教育发展滞后，同时，西部民办高校相较于中部和东部民办高校，对教师的专业发展支持不够，从教育发展环境来说与中、东部地区存在差距，这对西部省份民办高校的教师专业发展信念有一定影响。中部地区因人口较多、岗位竞争激烈，民办高校教师更加珍惜现有岗位并希望能够很好地胜任工作，在这个动力驱使下，教师的专业愿景和专业效标的动力水平较高。

2. 教师身份

比较不同身份民办高校教师专业发展的内在动力均值，发现在专业愿景和专业效标方面存在显著差异。其中，“兼辅导员的教师”专业愿景显著低于“兼院系领导的教师”、“专任教师”和“兼校部中层领导的教师”；“专任教师”专业效标显著高于“兼行政工作的教师”和“兼辅导员的教师”，“兼辅导员的教师”专业效标要显著低于“兼院系领导的教师”、“专任教师”和“兼校部中层领导的教师”，“兼院系领导的教师”专业效标显著高于“兼行政工作的教师”和“兼辅导员的教师”。

本研究结果显示，“兼辅导员的教师”专业愿景和专业效标动力水平最低。这与何天雄（2016）研究发现部分相同，公办高校辅导员在规模、结构和质量方面更加合理，相比之下，民办高校辅导员在承担教学任务、研究课题和发表论文等数量和质量上远远低于公办高校辅导员，多数辅导员把自己现有的工作作为“跳板”，换单位、换岗位的想法较为普遍。[①] 本研究中，样本中民办高校“兼辅导员的教师”年龄在 35 岁以下的占 92.6%，36—50 岁的占 7.4%，50 岁以上的没有；教龄 3 年以内的占 62.8%，初级以下职称的占 76.6%，副高以上职称的仅 1 人。这部分教师年轻化特点突出、工作流动性大、职称较低，与民办高校对兼辅导员的教师专业发展缺乏整体规划，外出参加培训交流机会有限，相关福利待遇配套不够，本岗位缺乏引领者有关，导致兼任辅导员工作的教师对自己的未来发展期待不高，归属感和认同感偏低，专业愿景和专业效标动力水平低。

---

① 何天雄．民办高校辅导员队伍建设的对策研究：基于民办高校与公办高校比较的视角［J］．黑龙江高教研究，2016（4）：64-67.

3. 年龄

比较不同年龄民办高校教师专业发展的内在动力均值，发现在专业效标方面存在显著差异。36—40 岁教师专业效标显著高于 30 岁以下教师，60 岁以上教师专业效标显著高于 50 岁以下教师。

本研究结果显示，60 岁以上的教师专业效标最高，且显著高于 50 岁以下教师。其次是 36—40 岁的教师，其专业效标显著高于 30 岁以下教师。原因可能在于，民办高校 60 岁以上的教师大多为公办高校退休返聘的教授或副教授，具有扎实的专业知识、丰富的教学经验和良好的学术素养，他们愿意继续为教育事业发挥余热。按照马斯洛的需求层次理论，高校退休返聘的教师经济负担小、身体状况好、生活质量高，在这种状态下，他们更愿意追求自我价值的实现，因此，其专业效标最高。36—40 岁的教师在教学岗位上经过几年的锻炼，基本能够熟练掌握教学技能和教学方法，能够在教学中更加关注学生的成长成才，因此，在专业效标动力上显著高于刚入职的新教师。

4. 教龄

比较不同教龄民办高校教师专业发展的内在动力均值，发现在专业愿景和专业效标方面存在显著差异。其中，1—3 年教龄的教师专业愿景显著高于 4—6 年的教师，30 年以上教龄的教师专业愿景显著高于教龄 18 年以内的教师；在专业效标上，7 年以上教龄的教师显著高于 1—3 年教龄的教师，7—18 年和 30 年以上教龄的教师显著高于 4—6 年教龄的教师，7—18 年教龄的教师显著高于 1—6 年教龄的教师，19 年以上教龄的教师显著高于 1—3 年教龄的教师。

本研究结果显示，1—3 年教龄的教师专业愿景较高，7 年以上教龄的教师专业愿景显著高于 1—6 年的教师。原因可能在于教龄 3 年以内的新教师对民办高等教育事业满怀憧憬，对自己选择在民办高校就职充满信心，因此专业发展愿景较高。从教师职业角度出发，教龄 7 年以上的教师已从新手教师过渡到熟手教师，教学、科研等工作相对得心应手，因此专业效标显著高于教龄 6 年以内的教师。

5. 受教育程度

比较不同学历民办高校教师专业发展的内在动力均值，发现在专业信念、专业愿景和专业效标方面存在显著差异。其中，专科及以下学历教师专业发展信念显著低于本科以上学历教师；硕士研究生学历教师的专业愿景显著高于本科以下学历教师，博士研究生学历教师的专业愿景显著高于其他学历教师；硕士研究生学历教师专业效标显著高于本科学历教师，博士研究生学历教师专业效标显著高于本科以下学历教师。

这与硕士、博士受教育程度高直接相关，高校教师作为以教学、学术为职业的岗位，在教学的同时必须具备相应的学术研究能力，对教师的学历水平有较高的要求，硕士和博士教师在从事教学或科研工作时理解较透彻，上手较快，对从事高校教师职业较为自信，因此，专业发展愿景和专业效标水平较高。

6. 职称

比较不同职称民办高校教师专业发展的内在动力均值，发现在专业信念、专业愿景和专业效标方面存在显著差异。其中，正高级职称教师专业信念显著高于中级以下职称教师；副高级职称教师专业愿景显著高于中级以下职称教师，正高级职称教师专业愿景显著高于其他职称教师；初级职称教师专业效标显著低于副高级职称教师，正高级职称教师专业效标显著高于其他职称教师。

本研究结果显示，正高级职称教师专业信念、专业愿景和专业效标水平最高，副高级职称教师专业愿景显著高于中级职称以下教师。原因可能在于，正高级职称教师教学经验丰富，对学科专业前沿动态更新较为及时，科学研究取得一定积累，能够根据实际教学情况进行改革，对年轻教师遇到的相关问题能够解答和帮助，在工作实践中，有较高的获得感。同时，正高级职称的教师已经卸下了职称晋升的重担，可以完全按照自己的兴趣和特长，全身心投入自己想做的事情。因此，在专业发展信念、专业愿景和专业效标水平上显著高于其他职称教师。副高级职称教师在专业发展方面也表现出了较高的自信，获得副高级职称说明其在专业领域也取得了不错的成绩，因此，在专业发展愿景上显著高于中级及以下职称教师。

7. 学期承担课程门数

比较本学期承担不同课程门数的民办高校教师专业发展内在动力均值，发现在专业信念、专业愿景和专业效标方面存在显著差异。其中，学期承担4门及以上课程的教师专业信念显著高于承担3门及以下课程的教师；承担4门及以上课程的教师专业效标显著高于承担2门及以下课程的教师。

本研究结果显示，本学期承担4门及以上课程的教师专业信念和专业效标水平最高。原因可能在于，样本教师中本学期承担4门及以上课程的教师81%为中级职称及以下的年轻教师，这些教师精力充沛，具有一定的教学经验，对授课充满信心，通过多承担课程一方面解决了系部领导课程安排难的问题，获得领导的好评，另一方面有助于积累教学经验，同时还可以增加月工资收入。这对于年轻教师来说积极因素非常多，因此，本学期承担4门及以上课程的教师在专业信念和专业效标水平上动力较高。

8. 学期周授课学时数

比较不同授课学时数的民办高校教师专业发展内在动力均值，发现在专业愿景和专业效标方面存在显著差异。其中，每周授课30学时以上的教师专业愿景显著高于授课30学时以下的教师；没有授课任务的教师专业愿景和专业效标显著低于有授课任务的教师。

本研究结果显示，每周授课30学时以上的教师专业愿景最高，且显著高于授课30学时以下的教师。原因可能在于，授课学时多，可以在教学的过程中及时调整和改进，对课程教学中存在的问题，下节课就能加以避免，不存在时滞现象，对教学质量的提升起到了非常积极的作用，因此，在专业愿景上动力最高，尤其在希望成为本领域教学名师方面表现更加突出。

9. 税后月收入

比较不同税后月收入的民办高校教师专业发展内在动力均值，发现在专业信念、专业愿景和专业效标方面存在显著差异。其中，税后月收入 7001—10000 元的教师专业信念显著高于税后月收入 4000 元以下的教师；税后月收入 7001—10000 元的教师专业愿景显著高于税后月收入 7000 元以下的教师；税后月收入 7001—10000 元的教师专业效标显著高于税后月收入 4001—7000 元的教师。

本研究结果显示，税后月收入 7001—10000 元的教师在专业发展信念、专业愿景和专业效标上均显著高于税后月收入 7000 元以下的教师。原因可能在于，这部分教师对专业发展信念坚定，深知高校教师作为学术职业，能够通过提升专业发展水平获得较高的薪酬待遇，反映出人力资本与薪酬水平的内在关系和收入分配特征，因此在专业信念、专业愿景和专业效标水平上分值较高。（表 2-18）

表 2-18　不同群体教师专业发展内在动力差异分析

变量		n	专业信念	专业愿景	专业效标
归属地	西部	538	4.48 ± 0.47	3.60 ± 0.64	4.04 ± 0.64
	中部	970	4.64 ± 0.44	3.76 ± 0.65	4.21 ± 0.49
	东部	169	4.62 ± 0.44	3.59 ± 0.72	4.10 ± 0.55
	F	—	23.447^{***}	12.092^{***}	21.401^{***}
身份	专任教师	1277	4.60 ± 0.45	3.73 ± 0.64	4.18 ± 0.47
	兼行政工作的教师	114	4.55 ± 0.48	3.60 ± 0.72	4.04 ± 0.53
	兼辅导员的教师	188	4.53 ± 0.48	3.47 ± 0.67	3.95 ± 0.51
	兼院系领导的教师	71	4.70 ± 0.39	3.73 ± 0.69	4.20 ± 0.51
	兼校部中层领导的教师	27	4.61 ± 0.45	3.83 ± 0.69	4.23 ± 0.54
	F	—	2.077	7.636^{***}	11.579^{***}

续表

变量		n	专业信念	专业愿景	专业效标
年龄	30 岁以下	671	4.59 ± 0.45	3.68 ± 0.65	4.11 ± 0.49
	31—35 岁	526	4.58 ± 0.47	3.67 ± 0.67	4.13 ± 0.49
	36—40 岁	294	4.59 ± 0.46	3.69 ± 0.66	4.20 ± 0.50
	41—50 岁	83	4.59 ± 0.46	3.77 ± 0.68	4.13 ± 0.45
	51—60 岁	40	4.53 ± 0.46	3.74 ± 0.56	4.19 ± 0.52
	60 岁以上	63	4.70 ± 0.42	3.92 ± 0.71	4.38 ± 0.46
	F	—	0.962	1.980	4.346**
教龄	1—3 年	712	4.59 ± 0.46	3.71 ± 0.65	4.10 ± 0.49
	4—6 年	309	4.56 ± 0.47	3.60 ± 0.64	4.10 ± 0.48
	7—18 年	546	4.60 ± 0.45	3.69 ± 0.68	4.19 ± 0.49
	19—30 年	39	4.67 ± 0.41	3.76 ± 0.67	4.27 ± 0.48
	30 年以上	71	4.64 ± 0.46	3.88 ± 0.65	4.30 ± 0.49
	F	—	0.935	2.983**	5.552***
受教育程度	专科及以下	7	4.14 ± 0.73	3.18 ± 0.70	3.83 ± 0.45
	本科	347	4.56 ± 0.46	3.60 ± 0.71	4.09 ± 0.55
	硕士	1286	4.66 ± 0.55	3.71 ± 0.64	4.16 ± 0.47
	博士及以上	37	4.59 ± 0.46	4.07 ± 0.63	4.28 ± 0.59
	F	—	3.082*	8.017***	3.500*

续表

变量		n	专业信念	专业愿景	专业效标
职称	无	336	4.56 ± 0.46	3.70 ± 0.63	4.04 ± 0.48
	初级	449	4.57 ± 0.46	3.65 ± 0.67	4.14 ± 0.51
	中级	630	4.59 ± 0.45	3.65 ± 0.65	4.16 ± 0.48
	副高级	206	4.63 ± 0.45	3.80 ± 0.65	4.22 ± 0.46
	正高级	56	4.76 ± 0.39	4.04 ± 0.67	4.44 ± 0.45
	F	—	2.780**	6.458***	10.464***
学期承担课程门数	0 门	183	4.49 ± 0.51	3.49 ± 0.68	3.92 ± 0.52
	1 门	639	4.59 ± 0.45	3.70 ± 0.67	4.16 ± 0.48
	2 门	568	4.61 ± 0.46	3.70 ± 0.63	4.17 ± 0.48
	3 门	220	4.57 ± 0.44	3.77 ± 0.63	4.19 ± 0.47
	4 门及以上	67	4.74 ± 0.38	3.69 ± 0.66	4.27 ± 0.53
	F	—	4.683**	6.302***	12.081***
学期周授课学时数	0 学时	183	4.50 ± 0.50	3.49 ± 0.69	3.92 ± 0.52
	10 学时以下	471	4.61 ± 0.46	3.73 ± 0.69	4.15 ± 0.48
	10—15 学时	741	4.60 ± 0.44	3.71 ± 0.62	4.18 ± 0.48
	16—30 学时	217	4.58 ± 0.45	3.67 ± 0.65	4.16 ± 0.49
	30 学时以上	65	4.62 ± 0.48	3.92 ± 0.63	4.27 ± 0.48
	F	—	2.038	6.699***	11.600***

续表

变量		n	专业信念	专业愿景	专业效标
税后月收入	4000元以下	711	4.57 ± 0.46	3.68 ± 0.67	4.08 ± 0.50
	4001—7000元	787	4.59 ± 0.45	3.66 ± 0.64	4.17 ± 0.47
	7001—10000元	168	4.66 ± 0.46	3.89 ± 0.66	4.27 ± 0.49
	10000元以上	11	4.82 ± 0.36	4.05 ± 0.80	4.42 ± 0.62
	F	—	2.798^{*}	7.197^{***}	9.622^{***}

（二）不同背景特征民办高校教师专业发展的组织支持动力差异分析

1. 教师归属地

比较不同归属地的民办高校教师专业发展组织支持动力均值，发现在制度支持、文化支持和物质支持方面存在显著差异。其中，西部地区制度支持动力显著低于中部和东部地区；西部地区文化支持动力显著低于中部地区；西部地区物质支持动力显著低于中部和东部地区，中部地区物质支持动力显著高于东部地区。

本研究结果显示，西部地区民办高校教师在制度支持、文化支持和物质支持动力水平上均最低。原因可能在于，西部地区总体经济、文化发展较为落后，在高等教育方面表现得更为突出，民办高校获得地方政府各项扶持更为有限，在制度设计、文化氛围的营造、软硬件资源投入、教师福利待遇方面均有较大的改进空间，因此，在组织支持动力方面低于中、东部地区。

2. 教师身份

比较不同身份的民办高校教师专业发展组织支持动力均值，发现在制度支持、文化支持和物质支持方面存在显著差异。其中，“专任教师”的制度支持动力显著低于“兼行政工作的教师”“兼院系领导的教师”和“兼校部中层领导的教师”，“兼辅导员的教师”制度支持动力显著低于“专任教师”“兼行政工作的教师”“兼院系领导的教师”和“兼校部中层领导的教师”；“专任教师”的文化支持动力显著低于“兼院系领导的教师”和“兼校部中层领导的教师”，“兼行政工作的教师”文化支持动力显著低于“兼校部中层领导的教师”，“兼辅导员的教师”文化支持动力显著低于其他身份教师，“兼校部中层领导的教师”文化支持动力显著高于“专任教师”“兼行政工作的教师”和“兼辅导员的教师”；“专任教师”的物质支持动力显著低于“兼行政工作的教师”“兼院系领导的教师”和“兼校部中层领导的教师”，“兼辅导员的教师”物质支持动力显著低于“兼行政工作的教师”“兼院系领导的教师”和“兼校部中层领导的教师”。

本研究结果显示，兼辅导员的教师在制度支持、文化支持和物质支持动力水平上均相对较低。原因可能在于，民办高校生源质量相较于公办高校有一定特殊性，对兼辅导员的教师的职业素养提出了更高的要求，既要在学生培养上投入更多的精力，又要兼顾自身专业能力的提升，因此，兼辅导员的教师非常需要得到学校的关心和支持。但是，民办高校对教师队伍建设工作更多地集中在专任教师上，而对兼辅导员的教师培养力度不够，使他们较难从思想上树立“主人翁”意识，对学校相关制度的理解、文化氛围的感知、物质资源的提供关注不多，参与学校管理的主动性不够，总体表现为制度支持、文化支持和物质支持动力分值偏低。

3. 职称

比较不同职称民办高校教师专业发展的组织支持动力均值，发现在制度支持方面存在显著差异。正高级职称教师的制度支持动力显著高于其他职称教师。

本研究结果显示，正高级职称教师的制度支持动力显著高于其他职称教师。原因可能在于，民办高校中正高级职称教师人数偏少，学校在制度支持方面对教授职称的教师倾斜力度较大，在专业带头人、教学名师、科研项目立项、领导岗位任职等方面给予充分的支持和肯定，教授们在工作氛围、领导认可方面获得感较高。同时，正高级职称的教师需完成的教学工作量标准相对不高，教授们有更多的时间和精力做自己想做的事情，自主性较大。

4. 学期承担课程门数

比较本学期承担不同课程门数的民办高校教师专业发展组织支持动力均值，发现在物质支持方面存在显著差异。本学期承担 2 门及以上课程的教师物质支持动力显著低于承担 1 门及以下课程的教师。

原因可能在于，民办高校物质资源并不充裕，当教师一学期承担 2 门或更多门数的课程时，与课程教学相关的教学资源、图书期刊资源以及实验设备等科研资源不足的现状充分显现出来，而承担 1 门课程的教师这些问题暴露得并不多，有些困难在教师时间充足的情况下可以自行解决，因此，本学期承担 2 门及以上课程的教师物质支持动力显著偏低。

5. 学期周授课学时数

比较不同授课学时数的民办高校教师专业发展组织支持动力均值，发现在制度支持和物质支持方面存在显著差异。其中，授课学时数为 16—30 学时的教师制度支持动力显著低于授课学时数 10 学时以下及 30 学时以上的教师；授课学时数 16—30 学时的教师物质支持动力显著低于授课学时数 10 学时以下及 30 学时以上的教师，授课学时数 10 学时以下的教师物质支持动力显著高于授课学时数 10—15 学时的教师。

本研究结果显示，授课学时数为 16—30 学时的教师制度支持和物质支持动力显著低于授课学时数 10 学时以下及 30 学时以上的教师。对数据进一步分析得知，原因可能在于，周授课 16—30 学时的教师大部分在校工作 6—15 年，年龄主要集中在 30—40 岁，这个阶段的教师处于教师职业生涯讲师和副教授晋升的关键期，每周承担 16—30 学时的工作量，使他们没有更多的时间和精力投入专业发展，影响成果产出，因此，在制度支持和物质支持动力上较低。

6. 税后月收入

比较不同税后月收入的民办高校教师专业发展组织支持动力均值，发现在制度支持、文化支持和物质支持方面存在显著差异。其中，税后月收入 4000 元以下的教师制度支持显著低于税后月收入 4000 元以上的教师，税后月收入 10000 元以上的教师专业发展的制度支持动力显著高于税后月收入 10000 元以下的教师；税后月收入 7001—10000 元的教师专业发展的文化支持动力显著高于税后月收入 4000 元以下的教师；税后月收入 4000 元以下的教师专业发展的物质支持动力显著低于月收入 4000—10000 元的教师。（表 2–19）

本研究结果显示，税后月收入 4000 元以下的教师在制度支持、文化支持和物质支持动力水平上显著低于税后月收入 4000 元以上的教师。原因可能在于，这部分教师主要为年龄 35 岁以下、进校时间不长、职称不高、承担课程任务不多的新教师，他们对学校的制度、文化和资源还处于了解和熟悉的过程中。

表 2-19　不同群体教师专业发展组织支持动力差异分析

变量		n	制度支持	文化支持	物质支持
归属地	西部	538	3.32 ± 0.71	3.77 ± 0.55	3.47 ± 0.67
	中部	970	3.46 ± 0.73	3.95 ± 0.59	3.84 ± 0.67
	东部	169	3.50 ± 0.77	3.84 ± 0.64	3.70 ± 0.62
	F	—	7.169**	15.917***	52.971***
身份	专任教师	1277	3.40 ± 0.72	3.89 ± 0.57	3.68 ± 0.69
	兼行政工作的教师	114	3.58 ± 0.65	3.93 ± 0.57	3.89 ± 0.59
	兼辅导员的教师	188	3.26 ± 0.79	3.71 ± 0.65	3.68 ± 0.67
	兼院系领导的教师	71	3.69 ± 0.78	4.05 ± 0.58	3.90 ± 0.65
	兼校部中层领导的教师	27	3.87 ± 0.60	4.18 ± 0.54	4.00 ± 0.59
	F	—	8.793***	7.572***	5.604***

续表

变量		n	制度支持	文化支持	物质支持
职称	无	336	3.44 ± 0.77	3.86 ± 0.61	3.68 ± 0.68
	初级	449	3.38 ± 0.76	3.86 ± 0.60	3.68 ± 0.71
	中级	630	3.40 ± 0.71	3.87 ± 0.56	3.70 ± 0.67
	副高级	206	3.46 ± 0.73	3.93 ± 0.59	3.77 ± 0.66
	正高级	56	3.69 ± 0.72	4.06 ± 0.62	3.90 ± 0.70
	F	—	2.589*	1.933	1.968
学期承担课程门数	0 门	183	3.46 ± 0.72	3.83 ± 0.63	3.80 ± 0.64
	1 门	639	3.45 ± 0.73	3.91 ± 0.60	3.78 ± 0.67
	2 门	568	3.41 ± 0.71	3.87 ± 0.54	3.66 ± 0.67
	3 门	220	3.36 ± 0.75	3.89 ± 0.60	3.58 ± 0.71
	4 门及以上	67	3.34 ± 0.83	3.83 ± 0.67	3.58 ± 0.79
	F	—	0.960	0.921	5.899***
学期周授课学时数	0 学时	183	3.47 ± 0.72	3.84 ± 0.63	3.82 ± 0.63
	10 学时以下	471	3.44 ± 0.73	3.90 ± 0.58	3.76 ± 0.65
	10—15 学时	741	3.30 ± 0.76	3.90 ± 0.58	3.67 ± 0.71
	16—30 学时	217	3.57 ± 0.72	3.80 ± 0.59	3.60 ± 0.68
	30 学时以上	65	3.42 ± 0.73	3.94 ± 0.59	3.81 ± 0.59
	F	—	2.444*	1.835	4.208**

续表

变量		n	制度支持	文化支持	物质支持
税后月收入	4000 元以下	711	3.36 ± 0.75	3.84 ± 0.60	3.63 ± 0.71
	4001—7000 元	787	3.44 ± 0.70	3.90 ± 0.56	3.74 ± 0.65
	7001—10000 元	168	3.53 ± 0.76	3.95 ± 0.65	3.85 ± 0.69
	10000 元以上	11	4.07 ± 0.63	4.13 ± 0.59	3.94 ± 0.79
	F	—	6.021^{***}	2.749^{*}	6.348^{***}

（三）不同背景特征民办高校教师专业发展的社会支持动力差异分析

1. 教师归属地

比较不同归属地民办高校教师专业发展的社会支持动力均值，发现在行业支持和社会评价方面存在显著差异。中部地区教师的行业支持动力显著高于西部和东部地区的教师；西部地区教师的社会评价动力显著低于中部地区的教师。

本研究结果显示，中部地区教师的行业支持动力显著高于西部和东部地区的教师；西部地区教师的社会评价动力显著低于中部地区的教师。原因可能在于，中部地区的样本教师大部分来自河南省，河南省近年来高校科技成果转化工作发展较快，各高校通过出台校企合作、产教融合方面的相关制度，完善了产学研互动平台和校企合作发展长效机制，形成了各高校的鲜明特色。[①] 因此，行业支持力度较大。

2. 教师身份

比较不同身份民办高校教师专业发展的社会支持动力均值，发现在政策支持和行业支持方面存在显著差异。其中，“兼行政工作的教师”“兼院系领

① 黄乾，杨楠．河南省高校科技成果转化的问题及对策［J］．中国高校科技，2019（3）：91-93.

导的教师”和“兼校部中层领导的教师”政策支持动力显著高于“专任教师”，“兼辅导员的教师”政策支持动力显著低于“兼行政工作的教师”和“兼院系领导的教师”；“兼行政工作的教师”行业支持动力显著高于“专任教师”和“兼辅导员的教师”。

本研究结果显示，专任教师的政策支持动力显著低于有行政兼职工作的教师。原因可能在于，民办高校专任教师从学术职业特性角度而言，比兼行政工作的教师更加关注自身专业发展，他们在工作实际中，能更深切地体会到在参加学术交流、申报科研项目、参加师资培训机会、评奖评优方面与公办高校教师的不同等待遇。因此，政策支持动力水平较低。

3. 年龄

比较不同年龄民办高校教师专业发展的社会支持动力均值，发现在政策支持、行业支持和社会评价方面存在显著差异。其中，31—35 岁教师的政策支持动力显著低于 30 岁以下教师，51—60 岁教师的政策支持动力显著高于 31—50 岁的教师，60 岁以上教师的政策支持动力显著高于 50 岁以下的教师；41—50 岁教师的行业支持动力显著低于 30 岁以下教师，60 岁以上教师的行业支持动力显著高于 31—50 岁教师；41—50 岁教师的社会评价动力显著低于 30 岁以下教师和 51 岁以上年龄教师，60 岁以上教师的社会评价动力显著高于 50 岁以下教师。

本研究结果显示，41—50 岁教师的行业支持动力、社会评价动力显著低于 30 岁以下教师。原因可能在于，样本教师中这个年龄段的教师在校工作 6 年以上的占 76%，在民办高校工作时间较长，对国家和地方民办高校教师的相关政策较为了解，知晓相关政策落实落地不够，在与行业企业合作时，一定程度上能够感受到行业企业对民办高校认可度不高，因此，在行业支持动力和社会评价动力方面分值较低。

4. 在本校的工作年限

比较不同在本校工作年限的民办高校教师专业发展社会支持动力均值，

发现在政策支持方面存在显著差异。其中，在本校工作 6—10 年的教师政策支持动力显著低于在本校工作 1—5 年的教师，在本校工作 15 年以上的教师社会政策支持动力显著高于在本校工作 6—15 年的教师。

本研究结果显示，在本校工作 6—10 年的教师政策支持动力显著低于在本校工作 1—5 年的教师。原因可能在于，在本校工作 6—10 年的教师大部分为讲师职称，讲师职称的教师是承担教学任务的主力军，同时，他们正处于晋升副高级职称的关键时期，需要有较多的精力投入到科研项目中，因此，在教学、科研的双重压力下，较少关注民办高校教师专业发展的相关政策，政策支持动力水平较低。

5. 受教育程度

比较不同学历的民办高校教师专业发展社会支持动力均值，发现在政策支持和行业支持方面存在显著差异。其中，本科学历教师政策支持动力显著高于专科及以下学历教师和硕士研究生学历教师；本科学历教师行业支持动力显著高于硕士、博士研究生及以上学历教师。

本研究结果显示，本科学历教师在政策支持和行业支持动力方面显著高于其他学历教师。原因可能在于，在当前劳动力市场并不景气的情况下，本科学历教师能在高校工作是一个不错的选择，这部分教师对国家和政府有关民办高校教师的政策落实落地有更好的期待，对民办高校的发展也抱有很大的信心，在从事校企合作的工作中，能够以更加自信的心态面对企事业单位，并不认为民办高校教师不如公办高校教师，因此，在政策支持和行业支持动力上分值较高。

6. 职称

比较不同职称的民办高校教师专业发展社会支持动力均值，发现在政策支持和行业支持方面存在显著差异。

正高级职称教师的政策支持动力和行业支持动力均显著高于其他职称教师。其原因可能在于，民办高校的正高级职称教师基本是来自公办高校的退休教师，他们熟悉教育教学规律，能够及时了解和学习国家的教育政策法规，教学和科研经验丰富，社会地位较高，在校企合作过程中，更易于获得行业企业的支持和信任。

7. 学期承担课程门数

比较本学期承担不同课程门数的民办高校教师专业发展社会支持动力均值，发现在行业支持和社会评价方面存在显著差异。其中，承担 1 门课程的教师行业支持动力和社会评价动力均显著高于承担 2 门和 3 门课程的教师。

本研究结果显示，本学期承担 1 门课程的教师行业支持动力和社会评价动力较高。原因可能在于，民办高校中学期承担 1 门课程的教师有的被安排拓展和推进校企合作项目，外出与行业企业及社会各界接触机会较多，沟通交流更加深入，对行业了解更多。

8. 学期周授课学时数

比较本学期不同授课学时数的民办高校教师专业发展社会支持动力均值，发现在行业支持方面存在显著差异。其中，每周授课 10—15 学时的教师行业支持动力显著低于每周授课 10 学时以下及 30 学时以上的教师，每周授课 30 学时以上的教师行业支持动力显著高于每周授课 10—15 学时和 16—30 学时的教师。

本研究结果显示，每周授课 30 学时以上的教师行业支持动力显著高于每周授课 10—30 学时的教师。对数据进一步分析显示，原因可能在于，样本教师中每周授课 30 学时以上的教师虽然总数不多，共 65 人，但中级以下职称的占 83%，35 岁以下的占 77%，在校工作不到 5 年的占 74%，以新教师为主。这部分教师在参与行业企业的合作项目时，通常是按照学校的安排与合作企业进行具体执行层面的工作，较少涉及拓展新的合作项目、开拓新的合作企业，因此，在参与校企合作过程中，工作较为顺畅，对行业支持有较高的认同度。（表 2–20）

表 2-20　不同群体教师专业发展社会支持动力差异分析

变量		n	政策支持	行业支持	社会评价
归属地	西部	538	3.46 ± 0.79	3.43 ± 0.69	3.63 ± 0.59
	中部	970	3.55 ± 0.82	3.62 ± 0.74	3.78 ± 0.64
	东部	169	3.46 ± 0.78	3.46 ± 0.71	3.72 ± 0.58
	F	—	2.250	12.013***	10.556***
身份	专任教师	1277	3.50 ± 0.80	3.52 ± 0.73	3.71 ± 0.63
	兼行政工作的教师	114	3.73 ± 0.74	3.75 ± 0.65	3.82 ± 0.57
	兼辅导员的教师	188	3.41 ± 0.85	3.54 ± 0.74	3.71 ± 0.63
	兼院系领导的教师	71	3.69 ± 0.84	3.58 ± 0.69	3.81 ± 0.62
	兼校部中层领导的教师	27	3.64 ± 0.73	3.58 ± 0.71	3.83 ± 0.58
	F	—	3.917**	2.766*	1.455
年龄	30 岁以下	671	3.55 ± 0.77	3.57 ± 0.72	3.73 ± 0.64
	31—35 岁	526	3.44 ± 0.84	3.53 ± 0.74	3.72 ± 0.62
	36—40 岁	294	3.48 ± 0.88	3.48 ± 0.76	3.71 ± 0.65
	41—50 岁	83	3.38 ± 0.73	3.78 ± 0.58	3.58 ± 0.45
	51—60 岁	40	3.78 ± 0.57	3.59 ± 0.68	3.82 ± 0.57
	60 岁以上	63	3.88 ± 0.64	3.76 ± 0.68	3.90 ± 0.58
	F	—	5.411***	2.809*	2.238*
在本校的工作年限	1—5 年	1020	3.55 ± 0.79	3.57 ± 0.72	3.73 ± 0.63
	6—10 年	352	3.39 ± 0.84	3.47 ± 0.74	3.68 ± 0.61
	11—15 年	249	3.49 ± 0.86	3.50 ± 0.76	3.72 ± 0.64
	15 年以上	56	3.51 ± 0.81	3.59 ± 0.66	3.86 ± 0.51
	F	—	4.989**	2.181	1.617

续表

变量		n	政策支持	行业支持	社会评价
受教育程度	专科及以下	7	3.03 ± 1.00	3.14 ± 0.80	3.43 ± 0.37
	本科	347	3.68 ± 0.78	3.63 ± 0.71	3.78 ± 0.63
	硕士	1286	3.47 ± 0.81	3.53 ± 0.73	3.71 ± 0.63
	博士及以上	37	3.46 ± 0.81	3.37 ± 0.78	3.64 ± 0.55
	F	—	7.035***	3.279*	1.664
职称	无	336	3.59 ± 0.77	3.64 ± 0.69	3.76 ± 0.62
	初级	449	3.50 ± 0.80	3.53 ± 0.74	3.71 ± 0.64
	中级	630	3.44 ± 0.82	3.49 ± 0.74	3.72 ± 0.62
	副高级	206	3.53 ± 0.84	3.50 ± 0.71	3.68 ± 0.63
	正高级	56	3.87 ± 0.67	3.77 ± 0.67	3.91 ± 0.58
	F	—	4.824**	3.896**	1.746
学期承担课程门数	0 门	183	3.54 ± 0.78	3.61 ± 0.71	3.73 ± 0.62
	1 门	639	3.56 ± 0.80	3.60 ± 0.73	3.78 ± 0.64
	2 门	568	3.50 ± 0.78	3.51 ± 0.70	3.70 ± 0.60
	3 门	220	3.43 ± 0.87	3.42 ± 0.76	3.62 ± 0.64
	4 门及以上	67	3.39 ± 0.91	3.46 ± 0.79	3.76 ± 0.64
	F	—	1.543	3.321*	3.349*
学期周授课学时数	0 学时	183	3.56 ± 0.78	3.62 ± 0.71	3.74 ± 0.62
	10 学时以下	471	3.56 ± 0.78	3.59 ± 0.67	3.74 ± 0.61
	10–15 学时	741	3.46 ± 0.84	3.49 ± 0.76	3.69 ± 0.64
	16–30 学时	217	3.51 ± 0.80	3.50 ± 0.72	3.75 ± 0.59
	30 学时以上	65	3.66 ± 0.77	3.76 ± 0.72	3.86 ± 0.64
	F	—	1.837	3.629**	1.531

第三章

民办高校教师专业发展的内在动力

教师专业发展的内在动力是教师在发展信念的指引下对专业愿景的不懈追求和主观努力，教师在促进专业发展的过程中遇到问题和困难时，能够生成或积聚内在力量，有效激发解决困难的行为动机。统计结果显示，民办高校教师专业发展内在动力水平为4.14，其中专业信念均值4.59，专业愿景均值3.69，教师归属地、教师身份、年龄、教龄、受教育程度、职称、学期承担课程门数、学期周授课学时数、税后月收入等因素对内在动力水平有影响。总体来看，民办高校教师专业发展的信念比较坚定，教学效标较易实现，教学预期成就水平较高，但专业发展自觉反思不够、科研效标达成不易、学术研究动能不足。这主要是因为民办高校教师专业发展反思意识不强，将意识转化为执行力的动力不足，科学研究的主动性和自觉性比较欠缺，规范开展科学研究的能力有待加强。因此，提升民办高校教师专业发展内在动力，需要引导教师加强自觉反思，激发内在原动力；建立专业发展自主培养机制，提升教师学术研究行动力；搭建科学研究能力提升平台，强化教师学术支撑力。

第一节　内在动力现状分析

基于民办高校教师专业发展内在动力的理论模型，在数据分析与访谈的基础上，结合利益相关者的话语分析，发现民办高校教师专业发展内在动力存在着专业发展自觉反思不够、科研效标达成不易、学术研究动能不足等问题。这与民办高校教师专业发展反思意识不强、将意识转化为执行力的动力不足、科学研究的主动性和自觉性比较欠缺、规范开展科学研究的能力有待加强等因素密切相关。

一、专业发展信念坚定，自觉反思不够

专业发展信念动力包含四个指标，各指标均值与变异系数见表 3–1。

表 3-1 专业发展信念动力各维度均值表（N=1677）

指标	均值（M）	标准差（SD）	变异系数（CV）
热爱教师工作	4.54	0.562	0.124
崇尚重教爱生	4.64	0.516	0.111
坚信师生间教学相长、合作互助	4.61	0.524	0.115
追求终身学习	4.57	0.538	0.118

调查发现，民办高校教师专业发展信念动力分值为 89.6 分（M=4.59，CV=0.100），处于三个维度中最高水平，表明民办高校教师专业发展信念动力水平较高，变异系数最低，说明测评结果一致性较高。结合访谈分析发现，教师专业发展信念较为坚定，职业责任感较强，但教师专业发展自觉反思不够，专业成就感不高。主要原因在于民办高校教师专业发展反思意识不强，将意识转化为执行力的动力不足。

（一）专业发展信念坚定

专业发展信念是教师个体对自身专业发展所持有的理论观点和思想见解，是教师对所从事专业认知的坚定不移的看法，它是促进教师专业发展能力提升的激励力量。发展信念一旦确立，就会对教师内在专业发展产生心理和行为上的深远影响。[①] 调研数据显示，民办高校教师热爱教师职业，专业责任感较强，具有较强的工作热情和内在专业发展动力。这与对公办高校教师发展信念的研究存在差异，有研究者对公办高校青年教师进行调研，结果显示，

① 俞国良，辛自强．教师信念及其对教师培养的意义［J］．教育研究，2000（5）：16-20.

公办高校教师的职业信念得分相对较低，个人理想信念比较迷茫，对高校教师的“知识分子”“知识生产者”的身份认同感不高。[①] 本研究中，青年教师的专业发展信念均值为 4.59，其中，“热爱教师工作”“坚信师生间教学相长、合作互助”和“追求终身学习”的均值分别为 4.64、4.61、4.57，说明样本教师对自身专业发展的方向十分明确，能够主动关心学生，注重学生的成长成才，并通过不断学习提升自身专业能力。结合访谈发现，民办高校教师能够在“上好课”“实现自我价值追求”“做对自己有意义的事情”“热爱教学”等信念支持下，在工作中保持比较顽强的意志和持之以恒的行动力，投入大量的时间和精力认真备课，助推教师专业发展水平提升。

“我觉得咱们这儿的老师非常负责任，教学态度上和我以前的想法一点都不一样，我现在也很认真地备课，2 节课的内容我会投入大量的时间准备，就希望把课上好。”（X106，20181119）

“我们作为老师，肯定对教师职业有一番热爱的，动力有很大一部分来自对自身价值的一种肯定和实现，想通过教学或者专业的发展做一些有意义的事情。”（D208，20181212）

“就个体动力而言，我觉得是内在的，就是源自对教学的爱、对工作的爱。比如说为了提高教育技术水平，我能沉下心来做 PPT，在暑假我都会学习这些技术，就是因为喜欢。”（D105，20181211）

“我以后想在学校一直待下去，所以，我这几年的精力都花在努力教学、适应教学上，希望在教学方面也像 ××× 老师一样，能自成一套，形成自己的积淀，出教学成果。”（D210，20181212）

（二）自觉反思不够

教师专业发展自觉反思是指教师对参加的促进自身专业发展的各项活动

① 陈思颖，王恒．高校青年教师心理韧性结构及影响因素研究：基于 H 大学的调查分析［J］．教师教育论坛，2016（11）：55-62.

进行自觉的、主动的思考，对参与活动的实施效果进行认真审视和反思，及时进行调整和优化，促进自身专业发展水平的提升。自觉反思的主体是教师，自觉反思是教师对专业发展过程中存在的问题的自觉反省，是教师专业发展动力提升的内因。研究发现，民办高校教师专业视野不宽、专业发展问题意识不强、专业自觉反思不够。研究样本中40岁以下年龄教师占比达到88.9%，中级及以下职称教师占84.4%，反映出了民办高校教师群体年轻化的基本特征，这些年轻教师往往处于学术场域的底层，在学术资源获取中缺乏竞争力，教学工作量大，用于专业发展的思考不足，尤其是西部地区的民办高校教师，受经济发展相对落后、相关配套支持政策跟进不及时等因素影响，专业发展规划不足、问题意识不清晰、自觉反思欠缺，不利于教师专业发展内在动力的生成。访谈中，有老师说道：

“我知道专业发展对自己的重要性，但是，解决问题没有头绪，比如在教学研究中遇到问题，不知道问谁，思路理不清，积累得多了，也就放弃了……”（X111，20190624）

“跟公办学校的老师进行学术交流时，感觉还是水平不够，说不出来什么，认识很浅，没有问题意识，这方面非常欠缺，还是思考得太少了。”（D208，20181212）

“我感觉自己就是个教书匠，每天不停地上课，感觉教学中也有问题，但说不上来，可能还是思考得不够，没有时间去关注或者深入细致地分析存在的问题，感觉思维受限跳不出来。我们也写课程小结，但其实只是落到了纸面上，对于是不是真的思考得来的那就两说了，应付的成分多一些。”（X103，20190624）

专业发展反思意识不强，将意识转化为执行力的动力不足是民办高校教师专业发展自觉反思不够的主要原因。

一方面，民办高校教师专业发展反思意识不强。从客观层面分析，知识更新是教师职业的内在要求，民办高校教师作为大学教师群体的一分子，能够在专业共同体中开展有效对话和交流是教师职业素养的应有之义。然而，民办高校教师教学任务比较繁重，外出培训交流机会不多，专业发展前沿动态更新迟缓，导致理念更新不畅，自身问题意识不足，缺乏专业发展过程中的反思意识。从样本数据可以看到，一学期中承担 3 门及以上课程的民办高校教师占样本总量的 17.1%，每周授课 16 学时以上的教师占样本总量的 16.8%，占比均接近 1/5。其中，承担 4 门及以上课程的教师占 4.0%，每周授课达 30 学时以上的教师占 3.9%。访谈时有教师说道："每天不停地上课，很累，即使发现问题点，也不愿意思考。"（X103，20190624）加强自觉反思，变"被动"思考为"主动"思考，成为民办高校教师较为强烈的诉求，这与另一研究者的发现一致，与公办高校教师相比，民办高校教师在教学中投入的时间更多，且存在显著性差异，民办高校教师最迫切的需求是通过教学反思改进自己的教学。[①]

另一方面，反思意识转化为行动的执行力不足。自觉反思要达到激发教师发展动力的作用，需要教师付出相应的努力，只有这样，自觉反思才具备真正的价值。而实践中，民办高校教师专业发展常常伴随着挫败感，影响了自觉反思的持续开展。民办高校相当一部分教师都是刚毕业的研究生、企业技术人员以及公办高校退休返聘的教师，面对民办高校生源质量不高的现实问题，"以学定教"就显得尤为重要。然而，部分教师往往基于已有经验评判学生的学习能力和学业水平，认为相关的背景知识和教授给学生的新知识是学生应知应会和能够掌握的，缺乏对学情的掌握和准确判断。当学生没有达到教师期望时，教师极易产生挫败感和失落感，并出现怠惰心理，反思无法进一步转化为行动力，这是当下部分教师专业发展的真实写照。

"在教学的时候发现，刚开始（我们）准备得很认真，但是学生的接受度逐渐降低了我们对学生的要求，我们把一些高深的、有难度的知识都放弃了，

① 黄海涛．民办高校新教师专业发展需求特征与策略选择：基于与公办高校的比较［J］．高等教育研究，2019（5）：57-63.

我们开始降低自己的标准，不断地降低水准……学生水平高，会促进我们的教学不断地提升，包括提问，包括课堂的互动，结果，（在这儿）我们发现我们随便准备就足够应付了。所以我觉得这种互动对教学一定有影响，没有积极的促进作用。”（X106，20181119）

二、教学效标较易实现，科研效标不易达成

专业效标是教师为提升专业发展水平所选取的参照标准。专业效标包含六个指标，各指标均值与变异系数如表 3–2 所示。

表 3-2　专业效标动力各维度均值表（N=1677）

维度	均值（M）	标准差（SD）	变异系数（CV）
能帮助学生运用所学知识发现和解决问题	4.17	0.586	0.141
掌握本学科专业知识	4.27	0.574	0.134
熟悉教学技能和教学方法	4.22	0.571	0.135
熟练运用现代教育技术	4.17	0.582	0.140
把握专业领域前沿知识和动态	4.02	0.640	0.159
达到科学研究的基本要求	4.03	0.675	0.167

数据显示，民办高校教师专业效标（M=4.15，CV=0.118）在三个二级维度中处于中等水平。结合访谈分析发现，民办高校教师对于达成教学效标，取得较好的教学效果充满动力，但对于实现专业发展中的科研效标，达到预期参考标准动力不足。

（一）教学效标较易实现

民办高校教师在教学工作中投入精力较大，基本能够胜任教学，具备合

格的专业教学能力。从调研数据分析来看，94.0% 的民办高校教师对学科知识掌握较好，92.9% 的教师对教学方法和技能能够活学活用，90.7% 的教师能熟练运用现代教育技术，90.3% 的教师能帮助学生运用所学知识发现和解决问题，表明绝大部分民办高校教师具备教学的基本要求，能够胜任教学工作。民办高校作为教学型为主的高校，其责任更多地体现在教学层面，立足课堂、站稳讲台是民办高校教师安身立命、晋升加薪的基本前提。

“我们学校现在竞争是非常大的，又有那么多奖励措施和惩罚措施，这些都会促使我们去提升教学水平，不然就可能被淘汰，而且现在新教师特别多，自己不改进，可能就会被拥有新技术、新理念的教师替代掉。”（D203，20181212）

“通过这几次参加大型比赛，我发现咱们学校的老师正是因为竞争特别激烈，工作量大，把自己练出来了。相比较来说，我个人感觉可能比 ×× 大学（公办高校）一些老师讲课还要好，我们老师对教学付出得更多。”（X103，20181119）

（二）科研效标不易达成

科研效标是民办高校教师为提升科学研究能力所选取的参照标准。访谈发现，民办高校教师在科学研究能力方面普遍不高，较难选取合适的科研效标助推自身专业发展内在动力。教学研究方面，存在对教学改革理念、思路、做法等理解不透、把握不准的情况。有的民办高校教师缺乏对教学工作的系统性思考，在行动中寻求教学改进的方法和策略不多，通过教学研究促进教学水平提升的能力不足。部分教师在经过几年教学快速成长期后，逐渐进入教学理念更新迟缓、教学技能提升缓慢、专业知识无法满足专业发展要求的“高原期”。科学研究方面，教师“把握专业领域前沿知识和动态”均值排在六个观测指标的最后，“达到科学研究的基本要求”均值也排序靠后。访谈中不少教师指出，“目标感缺失”“身边没有带动的人”“没有专业引领者”，尤其是兼辅导员工作的教师，科研效标动力不足表现更为突出。因此，科研效标缺失，教师无法将榜样的力量或者优秀的案例作指引，调动增强研究能力的内在动力。访谈中，有老师说：

“我来学校已经六年了，我发现自己的专业知识更新越来越慢，因为大多数的时间都用在了教学上。对专业的研究越来越少，发现自己的专业知识比较陈旧。不管是讲课或者是科研、教改的时候，都发现思维有点停滞，比较困惑，不知道该怎么办。”（X105，20181119）

“在我看来，我们的教学应该没有太大问题，主要还是科研。因为我们一直处于一种‘教书匠’的状态，想尽各种办法把我所知道的传授给学生，让学生学懂学通，但是没有静下心来做科研，也不知道怎么把我教的知识和问题提炼、升华。”（Z102，20181013）

“现在学校进行 OBE（Outcomes-Based Education，基于学习产出的教育模式）教学改革，要求要将 OBE 理念贯彻到教学当中，要以学生为出发点去设计自己的课堂。但是经过学习和培训之后，我觉得自己对 OBE 理念贯彻到课堂中反而有些不清楚了。要完全以学生为出发点，难道不考虑这门课程应该给学生传授哪些内容吗？好多老师都有这个考虑，我自己现在也挺混乱，但没有人能解释得清楚。”（X107，20181119）

民办高校教师缺乏开展科学研究的主动性和自觉性，是其科研效标难以达成的主要原因。一是民办高校教师缺乏科研意识。教师没有充分认识到科学研究能力的提升对自身专业发展和创新型人才培养的作用。二是教师主观认为教学是第一位的。他们认为把课上好是自己的主业，在科学研究方面投入的时间和精力有限，主观提升科学研究能力的内在动力不足。三是教师科研效标缺失。从专业角度来看，有些专业师资紧缺，缺乏本专业的带头人和引领者，可供教师学习和借鉴的榜样不多，客观上降低了民办高校教师研究能力提升的主动性。

三、教学的预期成就水平较高，学术研究动能不足

专业愿景动力包含四个指标，各指标均值与变异系数如表 3–3 所示。

表 3-3　专业愿景动力各维度均值表（N=1677）

维度	均值（M）	标准差（SD）	变异系数（CV）
能成为本领域教学名师	3.86	0.804	0.208
能承担高级别研究课题	3.54	0.898	0.254
能撰写或发表高水平论文	3.57	0.801	0.224
能为企事业单位提供智力服务	3.79	0.740	0.195

愿景是推动组织超越环境的动力。调查发现，民办高校教师专业发展愿景动力（M=3.69，CV=0.179）处于三个维度中最低水平。结合访谈分析发现，民办高校教师对达成教学及社会服务的发展目标较为明确，信心较为充足，能够为企事业单位提供必要的智力服务，但由于民办高校办学历史短、教师结构不尽合理、高水平教师数量偏低等因素影响，民办高校教师普遍缺乏规范性研究的能力。

（一）教学的预期成就水平较高

受民办高校办学定位及教师个人专业发展信念的影响，民办高校教师对未来发展预期主要是教学成就。调研数据显示，多数教师专业发展愿景是“能成为本领域教学名师”，其次是“能为企事业单位提供智力服务”，原因主要在于民办高校作为教学型、应用型高校，提升“双师”素养是民办高校教师专业发展的主要任务。有学者对公办高校青年教师专业发展需求调研发现，公办高校在“重科研、轻教学”的价值导向影响下，把科研作为教师专业发展的“第一要务”，呈现出“教学第一的应然”和“科研至上的实然”

矛盾冲突，青年教师专业发展最大的动力来自“职称晋升”驱动，因为对公办高校教师来说，职称评审由于名额有限，竞争激烈程度可谓一场“没有硝烟的战争”，教师们充满紧迫感、危机感。[①]而民办高校由于高职称教师数量不足，职称差额评审没有完全实施，“职称晋升”不是教师专业发展的首要驱动力。因此，民办高校更加重视校内师资培养和培训，通过教学观摩、教学技术及方法培训、教师工作坊、企业实践等方式，为教师教学水平的改进提供通道。有老师说道：

“学校的教师发展中心对我们非常支持，特意周三下午不给教师排课，让我们多一点时间去参加各种培训，并将这些培训计入继续教育学时，一举两得；中心还建立青年教师教育研究中心QQ群，我们遇到任何困难在QQ群上发言，都有人第一时间帮助我们解决，很有归属感。”（D202，20181212）

（二）学术研究的内生动能不足

民办高校教师普遍认为科研发展难度较大，困难较多。数据显示，民办高校教师“能撰写或发表高水平论文”和“能承担高级别研究课题”的均值相对较低。访谈中，大部分民办高校教师表达了较为强烈的科研发展愿望和诉求，希望能够获得较系统的科研训练和指导，承担高级别科研项目，成为所在专业领域的研究者，但往往“无从下手”“力不从心”。高水平科研成果的缺乏一定程度上制约着优秀教师的专业发展。因此，对民办高校教师来说，不是科研不重要，而是科研的能力和水平较为薄弱，对科研成果的预期和愿景信心不足。有研究表明，对比公办高校教师，民办高校教师“获得课题资助”和“学术条件保障”的阻力更突出。教师科研动力不足主要体现在科研评价过度量化，学术寻租、便利科研的现象影响教师学术研究的志趣等方

① 黄海涛，葛欣．高校新教师专业发展需求现状与政策建议［J］．江苏高教，2017（9）：59-63.

面。[①]

“在科研方面缺少帮助。比如怎么发文章，怎么写文章，如果在这些方面有人能帮帮我们，也不用帮太多，能指导我们一两次，我大概就能知道自己欠缺的部分，以及应该在哪些方面加强。发文章的这种经验我们基本上没有，怎样自己去写文章、去选刊物，如何进行投稿之类的，这些方面帮助如果多一点会更好。”（D204，20181212）

“学院也支持我们做科研项目，但我觉得对我来说阻碍的主要因素就是科研能力方面比较薄弱，我有时候觉得没有方向，还是需要学习，并找一位科研强的老师指导，（我的）科研的思路还是有点窄。”（X103，20181119）

民办高校教师欠缺规范开展科学研究的能力，是其科研发展难度大的主要原因。一是教师缺乏规范性研究的专业能力。由于欠缺反思精神、选题意识、学术训练等基本的科学研究素养，很多民办高校教师无法参与高水平的研究团队，申请不上高级别的课题，发表不了高质量的论文。二是民办高校科研能力提升培训缺位。尽管民办高校越来越认识到科研工作的重要性，但科研管理工作的制度建设仍不完善，学术团队和老教授的作用发挥有限，教师培训仍以传统的学术报告或教育技术、教学方法培训为主，缺乏系统的研究方法和技能训练、研究咨询服务，更没有学术研讨平台和合作机制，导致教师的科研能力提升缓慢。三是教师缺乏教学学术和应用研究的意识和视野。民办高校作为应用型高校的重要力量，肩负着培养服务区域发展的高素质技术技能人才的重要使命。伴随着我国进入新发展阶段，产业升级和经济结构调整不断加快，各行各业对应用型人才的需求更加紧迫，应用型高校的人才培养质量亟须提高，教师的专业发展水平是应用型人才培养的有力支撑。因此，民办高校教师需要强化新发展理念，对接产业发展趋势和市场需求，开展教学改革研究和应用研究，将行业和经济社会发展中的新工艺、新流程、

---

① 杨秀芹，戢锐，李婷．高校青年教师学术生态：危机与平衡［J］．当代教育科学，2020（2）：37-42.

新问题有机融入课堂，提高专业发展的水平。实践中，从区别于研究型大学的标准来看，民办高校教师的教学学术研究针对性和应用性不强，教学改革研究成果不能有效服务于教学，应用研究整体开展范围不大、立项不多、运用不足，研究成果转化非常有限，服务社会经济发展的能力有待提高。访谈中，有老师说道：

“学校也开始慢慢强调科研了，我觉得应该好好组建一下科研团队，现在科研团队是有，但实际上没有真正一起朝着研究的方向努力，这是值得反思的。怎么把团队的作用真正发挥出来，激发团队的老师做科研的动力，需要学校好好考虑。”（D105，20181211）

“老教授是有一些科研经验的，怎么把他们的经验发挥出来，带动我们青年教师，我觉得这是一个激励机制问题。实际上我们很多青年教师希望跟着老教授做些课题，或者是学习论文写作，比如我自己，我就喜欢跟老教授沟通一下、交流一下，到底这个课题还有论文怎么去申请和发表。但是，很多时候老教授们也没有那么多时间来帮助我们，我觉得最需要相应的措施、政策来激励，现在学校这方面的支持比较少，影响老教授的积极性。”（D206，20181212）

第二节　内在动力提升逻辑

教师专业发展内在动力是民办高校教师对自身教学、科研、社会服务能力提升的主观努力和不懈追求。内在动力的来源为心理紧张系统所驱动，教师需要调动内在动力系统各因素之间的协同配合，满足自身专业发展的需求。本部分概括了教师专业发展内在动力的提升逻辑包括自觉的反思激发着内在动力、较高的效标调动着内在动力、常态化研究孕育着内在动力三方面内容，为民办高校教师专业发展内在动力提升提供理论基础。

一、自觉的反思激发着内在动力

场动力理论认为，行为发生的动力来源是个体形成的心理紧张系统的驱动，促进个体行为动力的产生需要个体自觉打破对固有观念、思维、认知、行为等的顽固认识，通过思考引入新的观念、标准、做法等，并落实到行动上以解除心理紧张系统，实现个体心理状态的平衡。教师专业发展内在动力强调教师对自身能力提升的不懈追求和主观努力，以实现教师自身内在的发展。而这种对专业发展的不懈追求需要教师对原有学科知识、理论体系、实践知识的不断反思、修正和发展。教师专业发展的内在动力只能由教师自身自我驱动，只有认识到这一点，教师才会有自我专业发展的自觉反思意识，才会有不断努力前进的力量，并将其转化为持久的行动。

民办高校教师普遍较为热爱教师职业，自我要求较高，但对于如何将专业发展信念有效转化，切实激发教师内在发展动力，在方法和手段上还比较欠缺，需要提高教师个体自主发展的意识和自主反思的能力。自觉反思作为教师专业发展能力提升的内因，是原有知识体系升华为理论智慧和实践智慧的桥梁和纽带。民办高校教师只有具备了自觉反思的能力，并能够将专业发展内化为自身能力提升的动力，才能自觉打破固有认知，跨越紧张心理，实现从“被动发展”到“主动发展”的预期目标，最大限度地激发内在动力，将内隐的专业发展信念转化为外显的专业发展行动力。

二、较高的效标调动着内在动力

人的最高需求层次是自我实现的需要，以较高的效标最大限度地调动个人能力提升是人生的意义和价值所在。潘懋元先生指出，大学教师专业发展的内在动力是教师对自我价值的不懈追求。[①] 一个场就是一种动力的整体，

① 潘懋元.大学教师发展论纲：理念、内涵、方式、组织、动力［J］.高等教育研究，2017（1）：62-65.

任何部分的变化都会对整体产生影响。从教师专业发展自觉反思的过程来看，教师在进行自觉反思时，会以外部的标准、规范或其他教师的典型行为作为参照，对照自己存在的差距，这种效标的参照会不断调动教师主体的自我发展动力。选取较高的效标，在教师心中确立专业发展中教学、科研和社会服务的预期达成标准，有助于增加教师认同感和使命感。在效标的作用下，引领、带动教师不断增强专业发展动力。可以说，效标能够较好地试测教师专业发展各方面的表现，并加以证实。确定教师期待应该达到的目标，才能真正实现教师专业发展，[①]这是调动教师专业发展动力的重要一环。较高的效标应该具备三个条件：一是有效性，即效标的选取能够指明本校教师专业发展的努力方向。可选取一个可实现的目标为效标；也可选取本学科带头人、领军人物、教学名师作为效标发挥有效性特征。二是可靠性，即选取的效标是业内公认的参照标准。三是可达成性，即所选效标为教师个体能够通过努力接近或实现的参照标准，够得到、摸得着、可实现。

民办高校教师对个人价值的实现充满需求和期待，需求即是有机体内部的一种不平衡状态，表现为教师个体对自身发展的一种稳定需求，并成为发展提升的源泉。[②]较高的效标应该贯穿教师专业发展的全过程，民办高校教师在职业生涯发展的不同阶段可根据实际情况确立不同的参照标准，激发教师专业发展的动力，完成不同专业发展阶段目标。效标选择得当，就可以内化为教师个体的需求、期望和规划，一旦转化成功，就会激发教师心中的紧张感并生成驱动力，驱动教师不断提升专业知识与技能。因此，需高度重视教师专业发展的效标作用，全面认识效标对个体专业成长产生的强大驱动力，不断提高专业发展内在动力水平。

---

① 朱伟文，官新荷．高等工程教育教师专业能力可持续发展的思考［J］．高教发展与评估，2020（5）：68-76+118.

② 彭聃龄．普通心理学［M］．北京：北京师范大学出版社，2004：327.

三、常态化研究孕育着内在动力

从自组织理论视角来看，教师专业发展内在动力系统作为一个自组织，其内部动力因子相互交换、相互作用，协同推动教师教学、科研和社会服务能力提升，使教师的专业发展内在动力系统正向运转。教师专业发展某一能力得到提升，会对其他能力起到协同促进作用，这也是教师专业发展水平由低层次向高层次演化的过程。这一过程中，教师的内在动力将会加强，教师的专业发展水平会得到提升。反之，当其中某一能力发展滞后，就会制约其他能力的发展，也就是大大小小的“涨落”，这些促进或者干扰相互作用，彼此影响，使教师专业发展内在动力发生变化。民办高校教师作为供职于大学的学术职业人，应具备学术职业的学术专业性要求。[①] 提升研究能力成为民办高校教师专业发展的重要内容之一。民办高校教师通过研究能力的提升带动教学能力和社会服务能力的发展，实现专业发展内在动力水平向高层次演进。基于此，民办高校教师应以科研效标为参照标准，达到应有的学术研究能力要求，生成内在发展动力提升的驱动力。

雅斯贝尔斯（Karl Jaspers）说：“只有自己从事研究的人才有东西教别人，而一般教书匠只能传授僵硬的东西。”[②] 从“多维学术观”审视，大学学术是发现的学术、综合的学术、应用的学术和教学的学术。[③] 要想提高教学水平需要将四个方面有机结合。有学者通过实证研究证实了教学型高校中，教学与科研能够相互促进，且无论教师处于职业生涯的哪个阶段，这种“教研相长”的关系都不会受到影响。[④] 实际上，受内外部因素的影响，我国民办高校普遍存在“重教学轻科研”的倾向，这种倾向使教师个体更加关注教

---

① 有本章．大学学术职业与教师发展（FD）：美日两国透视［M］．丁妍，译．上海：复旦大学出版社，2012：1.

② 雅斯贝尔斯．什么是教育［M］．邹进，译．北京：生活·读书·新知三联书店，1991：152.

③ BOYER E L．Scholarship reconsidered：priorities of the professoriate［M］．New Jersey：Princeton University Press，1990：7-13.

④ 张鲜华．教与研的关联：基于一所普通高校的实证分析［J］．高教探索，2017（10）：5-11.

学能力的提升，而对科研重视不足。但伴随着构建新发展格局、“加强创新型应用型技能型人才培养”“推进产学研深度融合”“建设高质量教育体系”等政策导向和重点要求的出现，[①]国家对民办高校教师的应用研究能力、技术研发能力、成果转化能力提出了更高的要求。民办高校教师需要在做好教学工作的同时提升研究能力，并通过成果转化的方式增加参与教学改革、社会服务的动力，孕育出教师个人发展的驱动力，更好地致力于创新型应用型人才的培养。

第三节　内在动力提升策略

内在动力是影响教师专业发展水平的关键因素。激发教师专业发展内在动力，要在为教师赋能上下功夫，帮助他们快速起跑。应加强教师专业发展自觉反思，增强内生原动力；鼓励教师积极参与竞争与协同，破解专业发展标准难题；转变教师专业发展角色定位，实现教学科研突破。

一、引导教师加强自觉反思，激发内在原动力

反思是教师个体通过自我讨论和自我对话进行思考的方式，即对自己所取得的专业发展的成果，通过重新思考，获得启发和收获，以生成推进自身专业发展的内在动力。当反思发展为一种自觉的行为时，便成为一种提升专业发展动力的自主能力，使教师取得适应新环境、新时代需求的专业发展的持续内在原动力，有利于自主实现专业发展。访谈时，民办高校教师针对专业发展自觉反思不足主要谈到两个方面的问题：一方面，民办高校生源质量不佳，学生容易对理论知识理解不透，教师需要根据学情降低授课难度，这

① 陈宝生.建设高质量教育体系　加快建成教育强国[J].旗帜，2020(12)：8-10.

在一定程度上影响了教师对学科专业知识钻研和探究的积极性，从而形成民办高校教师专业发展整体水平不高的想法，动摇了民办高校教师主动开展专业自觉反思的意志，对激发教师专业发展动力产生不利影响。另一方面，年轻教师往往身兼多职，挤占了专业发展时间，导致专业知识更新迟缓、研究能力提升有限、思维意识严重滞后，在与公办高校教师同台交流时，学术交流研讨的问题意识明显不足。因此，基于民办高校教师专业发展反思不够这一现状，需要培养教师反思意识，增强将反思意识转化为专业发展行动的执行力，并使之成为一种持续发生的自觉行为。

第一，培育专业发展反思意识。思维意识是行动的先导，教师形成自觉反思意识是开展专业发展自觉反思的前提和基础。因此，培养反思意识，引导教师充分认识专业发展是学校教育事业发展的关键，是提升教师专业发展动力的有效方法，具有重要的价值和意义。

第二，提升执行力。提升反思意识转化为专业发展行动的执行力至关重要，只有这样，反思才能真正发挥应有的效力。一方面，教师可依据专业发展活动参与情况，将收获体会、思考感悟以心得反思的方式记录下来并形成习惯，帮助专业发展反思持续进行，这是提升反思意识转化为具体行动的重要方式。另一方面，教师可通过再反思的方式落实专业发展反思。可以从学生学业进展成效、教师自身专业发展水平、教学科研提升状况等方面检验专业发展反思实效。

第三，引导专业发展反思成为一种自觉行为。自觉反思是激发教师专业发展的持续原动力。可通过先进典型、榜样的力量、团队的力量，带动引领教师个体将专业发展反思发展成一种自觉的行为。

二、建立专业发展自主培养机制，提升教师学术研究行动力

教师专业发展是一个竞争与协同的有机过程。竞争可以激发教师提升专

业发展水平的主动性，生成专业发展动力并将其落实到教师的行动中。协同是将教师个体主动融入开放的系统，参与到与其他个人、团队、组织的交流、对话、协作之中，通过在交流和碰撞中发现自身专业的不足和差距，解决自身存在的困难和问题，培育促进个体专业发展的热情和动力。应通过构建专业发展自主培养机制，使教师个体认识到自身与其他教师的差距，提升专业发展中的研究行动力。

第一，教师强化自主研究意识。教师个人要充分认识教师专业发展系统是一个自组织系统，系统本身能够通过教师主体的主观能动性进行自我管理、自我修复和自我发展。民办高校教师必须转变和更新自身的思想观念，自主培养研究意识。首先，树立终身学习的理念。通过学习本专业经典学术专著、经典文献，系统掌握专业领域研究的基本范式、研究思路、问题意识，培养科学研究素养，贯彻终身学习的理念。其次，主动参加相关部门为提升教师专业能力开设的培训课程，积极培养研究兴趣。参加的课程可包括理念类、方法类、示范类、科研类等课程，通过多样化、系统化、个性化的学习，实现教师对不同层次研究能力的提升，调动教师主动寻求专业发展的意识。

第二，教师积极参加各类研究活动。这就要求民办高校教师树立开放的理念，积极参与高等教育系统内外的交流与协作，主动面对并消除不自信心理，积极融入学术共同体，以平等的心态自信地参与各类活动。教师在教学之余应积极参加学校组织开展的各类研究活动，如促进教学研究的教学设计大赛、微课设计大赛、教学改革研讨等，促进科学研究的学术沙龙、工作坊、各类研究项目、学术团队等。教师还可通过师徒制项目及教师论坛、学术论坛等活动，借助活动引领、榜样示范效应，相互促进、取长补短，及时调整自己在专业发展研究中的思路和方法，使教师个体在活动参与中完成自我突破，实现在原有专业发展基础上的跃迁。

第三，教师为自己选取合适的效标。教师个人是专业发展的最大受益者。因此，教师要主动为自己选择发展的效标或者榜样，主动向优秀者看齐，学习他们的教学经验和科研精神，并主动按照学科、专业"归队"，明确自我专业发展目标，激励自身主动作为，争当学校、全省行业内的"领头雁"，主动分享在学习和研究过程中的观点和做法，主动探讨学术问题，将提升研究能力、促进专业发展落实到具体行动中。

三、搭建科研能力提升平台，强化学术支撑

本研究发现，民办高校教师间缺乏沟通和交流，学术孤岛化现象突出。有教师谈道："经常各自为政，想与老教师多一些科研问题的沟通，但学校的政策支持力度不够，没有办法深入有效开展，觉得挺无奈，感觉学校老教授的资源用不上。"（D202，20181212）也有教师表示："学校也有科研团队、学术团队，但是承担项目通常都是简单地说一说，把项目分给个人，然后各自把任务领回去，自己完成自己的，再统稿。做成什么样子，没反馈，感觉对自己没有提高。"（D106，20181211）可以看出，民办高校教师有提升专业发展水平的愿望，但教师往往受制于学术平台、学术资源、学术氛围等外部因素的影响，专业发展的愿望不易达成。不可否认，这与学校支持政策不畅有关，但更主要的原因是教师学术研究较难为专业发展提供有力支撑，教师教学活动与学术研究脱离。需做好以下三点。

第一，教师主动转变角色定位，从被动学习者转变为主动探究者，实现教学科研水平同步提升。有研究对高校科研成果与教学效果进行评估对比，发现有科研成果的教师教学效果更好。[①] 由此可见，民办高校教师应深刻理解教学与学术研究之间相辅相成的关系，正确认识学术研究的重要意义，立足于教学学术和应用研究，注重在实践中主动挖掘研究课题，发现研究问题并进行探索研究，以拓宽学科理论知识提升科研水平反哺教学。积极申报校级、省级教改科研项目，通过项目研究不断提升学术水平，不断拓展发展空

① 金劲彪．科研工作：民办高校内涵式发展的抓手［J］．教育发展研究，2018（23）：3.

间。同时，不同于研究型大学教师，民办高校教师要积极参加学术交流，遵循学术研究范式开展学术研究，拓宽学术视野和应用研究思路，以此带动教师的教学和社会服务能力协同提升。

第二，构建教师学术发展需求识别与对接机制，搭建教师学术能力提升平台。相关部门可通过问卷调查、访谈交流、听课评议等方式，深入了解教师专业发展中存在的困惑和难题，对搜集的问题进行鉴别、统整，形成专业发展需求识别机制。根据筛选出的各项需求，搭建需求平台，调动教师专业发展的积极性和潜能。如立足于校企深度融合的产学研合作平台，建立校企合作项目库，提供能够深入企业开展的科技咨询、科技开发、科技下乡、应用研究等各类项目，供不同专业教师进行对接和选择，为教师提高应用实践能力创造条件；通过举办科研经验分享沙龙等方法和手段，使教师从被动的接受者转变为积极的实践探索者，将专业发展“被动力”转化为“主动力”，助推每一位教师自主发展。

第三，实施教师专业能力提升计划。提升教师专业发展水平是实现教师自我价值根本路径。可从三个方面促进民办高校教师专业能力提升，一是国家和地方政府设立民办高校科研专项，协同推进民办高校教师的科研能力和水平提升。二是将国家“对口支援西部地区高等学校计划”延伸至民办高校，帮助民办高校教师提升专业发展水平。三是设立国家级民办高校青年教师专业能力提升项目，引领带动地方政府加强民办高校教师的培养培训，搭建教师科研能力提升平台，强化学术支撑。

第四章

民办高校教师
专业发展的组织支持动力

民办高校教师专业发展的组织支持动力是民办高校在提升教师专业发展水平过程中，作为组织机构，在完善制度建设，营造文化氛围，提供各项资源保障等方面提供的支持力度，是反映学校对教师专业发展工作重视程度的指标。按照自组织理论，开放的系统中子系统、子要素之间都会与外部环境产生联系，实现由一种稳态向另一种稳态的跃迁，即自生产、自修复和自发展。要想实现这种发展状态，民办高等教育系统内就要进行各要素的物质与能量交换，如给教师专业发展提供充分、开放的政策环境，开展系统性、针对性专业指导与培训等。数据分析发现，民办高校教师专业发展组织支持动力水平均值为3.68，文化支持均值为3.88，制度支持均值为3.42。说明民办高校能够开展一些支持教师专业发展的活动并营造专业发展氛围，专业发展的物质资源供给覆盖面较广，但尚存在教师专业发展制度体系不健全、学术团队建设不充分、教学科研资源保障力度不足等问题。这主要是由民办高校管理水平还有待提高，办学经费紧张且专任教师数量不够；团队带头人欠缺，学术团队工作运行机制不健全；教学科研资源投入重视程度不够等原因造成的。需要健全教师专业发展制度体系，发挥制度导向力；建好学术共同体、融汇文化凝聚力；加大教学科研保障力度，聚合资源支持力。

第一节　组织支持动力水平现状分析

基于民办高校教师专业发展组织支持动力的理论模型，在数据分析与访谈的基础上发现，民办高校教师专业发展组织支持动力水平均值为3.68，在三个一级维度得分中处于中间水平，但组织支持动力维度的极大值（90）与极小值（27）两极分化最为严重，说明民办高校教师得到的专业发展组织支持力度差异较大，不同学校对教师专业发展支持存在显著差异，同一学校内，不同背景信息教师获得的专业发展支持动力存在显著差异。这与民办高校管理水平不高、办学经费紧张且专任教师数量不足、团队带头人欠缺、学术团队工作运行机制不健全、教学科研资源投入重视程度不够等因素密切相关。

一、制度支持力度一般，专业发展制度体系有待健全

制度支持动力包含五个指标，各指标均值与变异系数如表 4-1 所示。

表 4-1 制度支持动力各维度均值表（N=1677）

维度	均值（M）	标准差（SD）	变异系数（CV）
有自主学习和科研的时间	3.33	0.942	0.283
有专项教学科研经费	3.14	0.983	0.313
有为教师发展提供支持的组织机构	3.51	0.909	0.259
有合理的教学科研评价制度	3.60	0.815	0.226
有针对性强的专业化培训	3.51	0.867	0.247

调查发现，民办高校教师专业发展的制度支持动力（M=3.42，CV=0.213），换算成百分制为 60.5 分，是二级维度中的最低分。结合访谈分析发现，民办高校教师专业发展的制度支持力度一般，虽然已有教师专业发展的激励制度，但实际操作性不强，教学科研经费投入不足，教师鲜有余力投入专业发展，研究项目的完成质量不高。

（一）制度支持力度一般

参与调研的民办高校基本设置了教师专业发展的组织机构，建立了相对合理的教学科研评价制度，教师专业发展的相关制度基本建成。调查显示，60.3% 的教师认为学校“有合理的教学科研评价制度”，55.2% 的教师认为学校“有针对性强的专业化培训”“有为教师发展提供支持的组织机构”。结合

访谈资料分析发现，在制度制定及执行过程中仍存在三方面的问题：一是管理制度趋同化现象明显，制度的内容设计与民办高校教师专业发展情况存在一定差距。公办高校经过长期的发展，规章制度较为完善，确实能给民办高校提供一定借鉴，但过度模仿公办高校的制度，淡化了自身“民办”特色，影响制度的执行效果。二是制度衔接不畅，存在制度冲突。有教师指出，学校科研制度中规定了科研工作量的学时补贴，但教务部门并未真正执行，导致制度间出现冲突，直接影响了教师专业发展动力。三是制度调整频繁，延续性差，难以为民办高校教师专业发展提供持续性制度支持。

职能部门管理水平不高是民办高校教师专业发展制度支持力度一般的主要原因。一是民办高校的管理队伍来源比较复杂，部分管理者缺乏高校工作经验，对教育规律不甚熟悉，管理水平高低不一。调研发现，民办高校的管理者主要是公办高校退休返聘人员、民办高校培养的管理骨干、企业应聘人员和军转干部等。部分管理者对教育管理制度缺乏理性认识和系统把握，一味借鉴公办高校的管理经验，忽视民办高校的特殊场域，导致相关管理制度“水土不服”。二是管理队伍整体专业化水平不高。有些中层管理者来自公办高校，对民办高等教育的政策法规、办学理念和管理模式缺乏系统学习和深入研究，存在沿用旧习、生搬硬套等现象。三是管理运行机制不健全。管理机制灵活、“反应弧”短是民办高校的优势所在，但如何科学有效地发挥管理机制的灵活性则需要认真研判。有的民办高校教师管理“行政化倾向”严重，忽视教师学术职业的工作自主性特点；管理干部调配频繁，不利于管理工作和制度的延续性；组织机构职能重叠，政出多门、政令不一，教师疲于应付。教师专业发展的精力被琐碎繁杂的工作占用，教师专业发展提升的动力不断减弱。访谈中，有老师说道：

“学校下发的职称评审文件，增加了对在线开放课程的要求。我记得上一次评的时候还没有要求，现在发了文件，说下一年马上就要求在线开放课程一定要有，这个会不会太仓促了？而且，要求排名前二的才有效，可是排名在前面的很多都已经是高级职称教师，算下来下一年能够参评高级职称的教师数量就很少了，很多老师都被卡在在线开放课程这一项上面。我觉得政策制定是有问题的，没有考虑到现实的需求。文件是 2016 年发的，规定建 100 门在线开放课程，明确 2018 年开始，但据说截至目前已经建了八十几门，还有不到二十门课。问题是还有很多老师要评职称，这不到二十门课程建完是不是又要改制度？需要评职称的老师现在还需不需要准备申报在线课程，会不会做无用功？学公办学校无可厚非，我也很认同，但不能光学做法，还要学解决问题的方式。”（D206，20181212）

“我们老师现在都兼任班主任。今年学生寝室按照规定全部改成混寝，就是一个宿舍四个学生，分别来自四个班级，四个班主任，分属于四个不同的辅导员。如果四个学生打架，那么按照规定，四个班主任、四个辅导员，这八个人都要来解决宿舍问题。真是……没有这种做法的。公办院校也有混寝，但人家所有的问题根本上升不到学院，后勤就解决掉了，我们现在可好。我现在有六个学生要调寝室，要协调解决矛盾，我其他啥也干不了，没时间搞专业发展。这个问题给学生处也反映过，没法解决。”（D206，20181212）

“我觉得个人动力方面有来自环境的，我们学院的老师中博士、教授比较多，身边这样的人多，无形中就感觉压力很大，就想着把课上好，还要想着考博，但工作任务太重，实在没有时间和精力，怎么把这些事情平衡好是个问题。”（D203，20181212）

“我们学校也进行分类管理、分类考核，教师设了科研为主型。但目前这个岗没有人。为什么没有人？考核要求两篇一级论文，我是哲学院的，哲学方面一级期刊有《历史研究》《社会学研究》《马克思主义研究》。我导师到现在为止也就发了一篇在《哲学研究》上，我们怎么可能发？”（D206，20181212）

“学校推行 OBE 理念，一轮一轮地培训，但是，为什么很多老师还是不清楚 OBE 成果导向到底应该怎么干？学院里面有没有组织老师们坐在一起讨论一下 OBE 到底应该落实到什么程度？每个老师到底是怎么做的？出了哪些成果？这和 OBE 的真正概念相不相符？我们下一步的工作应该怎么做？我是副院长，我也不知道怎么做，更何况一般的老师呢，我觉得缺乏总体策划，只是浮在表面，没有落到实处。”（X109，20181112）

（二）教师专业发展制度体系有待健全

民办高校教师专业发展的制度体系并不健全。教师有较大教学工作量要求、教师需承担较多工作任务的设置、校级教改科研经费额度一刀切等不利于教师专业发展的制度规定在相关文件中随处可见，制度间的关联性不高、体系性较弱。问卷调查显示，只有 47.8% 的教师认为“有自主学习和科研的时间”，38.4% 的教师认为“有专项教学科研经费”。结合访谈发现，民办高校行政化管理的方式与教师的学术职业特性相冲突。有的民办高校实行坐班制，要求教师上下班打卡考勤，有的民办高校教师办公场所有限，难以在拥挤的办公场所静心工作。这种管理方式违背了教师的学术职业特性，教师作为教育实践者鲜有时间和精力进行教学审视与反思。教师教学能力提升的配套机制缺失。相当一部分教师认为教学工作量太高，自主支配学习和科研的时间很少；大部分教师认为学校教学科研经费支持力度不够，配套项目经费缺口较大，经费管理使用程序烦琐，这是制约教师专业发展动力的外部制度因素。同时，从教师个体角度来看，教师作为学术职业的从业者，当制度设计过程中忽视学术职业特性时，面对专业发展时间不足、教学科研经费有限、教师考核晋升压力较大的矛盾冲突，教师会出现合法性机制作用下的机会主义心理。表现为教师为了完成任务，为了获得相应的认可和资源，出现在现有规制下的“交作业”现象，交了“作业”就是完成了任务，至于完成效果是否达到了预期目标，是否对现有工作起到实质性作用，教师不关心。长此以往，民办高校教师专业发展的动力会因为制度支持乏力逐渐丧失，专业发展愿景的追求逐渐降低。

“我以前是公办学校的，现在来这儿一年多，我感觉民办（高校）的事情确实比较多。比如，一般情况下，公办高校班主任都是辅导员担任的，但在民办高校教师也要担任班主任，我现在是副教授了还是班主任。这说明我们承担的角色不仅是教学、科研人员，甚至还有班主任，什么工作都有。当然，对老师可以理解为是挑战，但是，老师的精力毕竟是有限的，这么多事情都要操心，肯定会影响到科研，因为无论备课还是科研都需要一个比较安静的环境，这些杂事不停地干扰，导致无法提高效率，无法持续性思考，这是我的体会。”（D101，20181211）

“前段时间参加了关于课程建设的培训会，越发郁闷了！公办学校的老师说建一门课20万都不够，紧紧巴巴，他们去当地的电视台录课还嫌条件不好。我也有个在线课程建设项目，可是我们一门课就给1万，同样也要我们把这门课建设好，我觉得我就没法做。学校说了都要做，但是到最后做得好还是不好，就没法保证了，只能交差应付。”（X102，20181112）

“我是大学外语部的老师，我们老师一周20多节课，上午都是满课，很累，一天课上下来说话都没声音了。可能很多学院老师课时量都很大，还要平衡家庭。在时间安排上，科研真的没有时间去做。我觉得我们每一位老师都想要去搞科研，无论是出于评职称还是个人职业理想的追求，我想成为一个好老师，但是我们要考虑现实，就是时间问题。希望工作量能够调整，解决这个问题。”（D208，20181212）

“学校在项目经费方面也给，但是给得特别少，你要不干点什么，你觉得完不成这个任务，但你要真的想干点什么，就觉得这点经费挺困难的。”（X106，20181112）

教师发展经费欠缺及专任教师数量不足是教师专业发展制度体系不健全的主要原因。师资培养方面，民办高校教师外出参加访学进修、学术交流、国际参访的机会非常少；科研运行方面，促进学术研究的激励制度和运行机制还不完善，有些省级项目周期被迫延长；教学安排方面，工学矛盾较为突出，教学工作量的设计和实施还不尽合理，降低了学校对教师专业发展支持动力的产生。访谈中，有教师谈道："我们学校讲师工作量标准是12节，副教授也是12节，但现在基本分别是16、18节，还是因为师资不够。"（D203，20181212）"课时量太大。真的，公办学校课时量比我们少太多太多。怎么到我们这儿课这么多，多得都不可想象。"（D103，20181211）

二、专业发展氛围较为浓厚，学术团队建设有待加强

文化支持动力包含五个指标，各指标均值与变异系数见表4-2。

表4-2　文化支持动力各维度均值表（N=1677）

维度	均值（M）	标准差（SD）	变异系数（CV）
有职称晋升渠道	3.86	0.685	0.177
同事间经常开展教学观摩、专业研讨	3.99	0.706	0.177
同事间推崇教学科研领军人物	3.77	0.762	0.202
领导支持教学科研改进、创新	3.96	0.703	0.178
学校提供教学、科研团队建设支持	3.82	0.765	0.200

调查发现，教师专业发展的文化支持动力在三个二级维度中均值最高（M=3.88，CV=0.152），换算成百分制为72分。结合访谈分析发现，教师专业发展的组织文化支持动力较为充足，教师专业发展氛围比较浓厚，但团队带头人、教学科研领军人物不足，一定程度上制约了文化支持动力的成效。

（一）专业发展氛围较为浓厚

民办高校教师较为认可学校在促进教师专业发展方面给予的文化支持。这在其他研究中也得到了证实，组织文化支持能够给予教师专业发展动力积极的影响，组织文化动力分值每增加1分，教师心理韧性得分可增加0.282

分，有助于促进教师专业发展动力提升。[①] 访谈发现，教师认同文化氛围营造，能够主动参加校本培训、交流和研讨。学校领导重视创新和学术研究，能够为教师专业发展提供所需条件，对教师专业发展起到了积极作用。在文化支持动力的五个指标中，“同事间经常开展教学观摩、专业研讨”得分最高，为3.99分，其次为“领导支持教学科研改进、创新”（3.96分）和“有职称晋升渠道”（3.86分）。在访谈中，有教师提到以下情况：

“我来学校十几年了，我觉得从学校范围来看，我们学院的师资在教学和科研方面整体发展还是非常好的。一方面是因为我们学院老师比较稳定，在专业上基本都成长起来了。另一方面，我们学院的领导带头作用发挥得很好。他们以身作则，通过示范引领，引导我们学院教师不断提高专业发展水平，氛围非常好。”（X108，20181112）

（二）学术团队建设有待加强

作为高等教育系统中的重要力量，民办高校教师专业发展也离不开学术团队的交流互动和支持。民办高校学术团队建设工作起步较晚，团队建设工作有待加强。主要表现为团队带头人缺乏、团队梯队还不合理、团队研究没有形成合力、团队运行的有效机制没有形成、团队成员的获得感不高。数据分析显示，“同事间推崇教学科研领军人物”题项的均值最低，其次是“学校提供教学、科研团队建设支持”题项。结合访谈分析进一步发现，民办高校学术团队建设的主要问题有三个方面：一是团队带头人比较匮乏。调研的其中一所民办高校中，34个本科专业带头人，仅11人为教授，其他均为副教授，较难实现所有教师的专业发展，也很难形成学术研究的合力。民办高校教师普遍反映：“实践中遇到问题，没有人指导，更多的是靠自己独立摸索。”二是团队梯队结构不合理。有的民办高校教师反映，团队成员大多为刚毕业

① 陈思颖，王恒．高校青年教师心理韧性结构及影响因素研究：基于H大学的调查分析［J］．教师教育论坛，2016（11）：55-62.

的应届硕士研究生，年富力强的专业教师非常少，年轻教师的研究缺乏指导者。三是团队的运行管理机制不畅。有的民办高校虽然也建立了各类团队，但教师的专业相关性和互补性不够，无法形成合力，无法有效调动团队带头人及团队成员的工作积极性，学术团队工作开展更多地停留在纸面上，实际成效不佳。因此，民办高校一方面应加强教学、科研团队建设，完善相关规章制度，为团队工作开展做好制度安排；另一方面要着重培育团队合作精神，提高团队整体凝聚力，助推教师专业发展。

民办高校团队建设乏力，主要原因在于各类带头人非常缺乏，制约了教师专业发展水平的提升。团队带头人来源主要有三方面：一是退休的公办高校教授。一旦老教授离职，团队建设工作就会受到很大影响。二是在民办高校兼任的公办高校学者。他们在民办高校专业申报、指导团队项目研究方面发挥作用，但因很少参与学校内部管理，在团队建设、学术提升、教师专业发展等方面作用不明显。三是全职引进的高层次人才。高层次人才在团队建设中对促进团队发展、提高团队成员学术水平等方面能够发挥比较积极的作用。但是，民办高校引进高层次人才需要投入大量的人力成本，对于部分办学经费不足的民办高校来说，还存在较大难度，引进高层次人才数量总体偏低。团队带头人是师资队伍的“领头雁”，肩负着学科（专业）发展规划、课程体系开发、教学资源整合、学科（专业）问题诊断等重要职责，对加强学校文化支持动力、促进教师专业发展发挥着重要作用。因此，民办高校应充分认识带头人在学校团队建设中的重要意义，加快带头人队伍培养，推动团队建设工作开展。

“现在学校对科研要求越来越高，但科研发展平台却没有，或平台不怎么样……不能支撑我们科研的发展，而且没有项目，科研很难做起来。像其他大一点的学校，平台好的话，会有团队，稍微带一下，就会有一个大致的方向，我们就什么都没有，什么都要靠自己，如果现在和博士期间做的不一样，就要从零开始，就更加难（发展）起……所以说感觉平台还是非常重要的，

团队也是一样，要不然像现在这样光靠自己干确实好难。团队的人是比较缺的。”（D102，20181211）

“现在主要问题是很多学院都没有带头人，而有带头人才有团队，光靠自己单打独斗很累很累的。像我们学院号称有团队，但实际上每个人的方向都是五花八门的，既没有互补性也没办法相互支撑，都是自己做自己的，跟别人没关系，所以实际上在申报项目的时候就显得很难。”（D103，20181211）

“专业带头人还是挺缺的，老教授一走的话，一些专业上开设的课程感觉就拿不准，科研也会弱化。”（X102，20181112）

“我来学校有 11 年了，现在学校在教师培养方面也比较重视，做了很多工作，特别是教学能力培养方面。但我觉得存在一个问题，就是在实践中遇到困难，没有人来带一带，一直都是自己摸索。学院也会安排一些教学研讨，可是研讨完之后怎样指导自己在教学或科研中上一个高度，达到新的层次，感觉更多的还是独自摸索。所以我觉得学校是不是应该考虑下，通过传帮带、搭团队等形式，把教师的专业发展工作做实，而不是停留在纸面上。”（D203，20181212）

“二级学院传递的信号就是，只要学校给我们学院一个申报项目的名额，我们院长就要我们每一个人都交项目申报书，好像只要数量上先上来，总能挑出一个精品。”（D205，20181212）

三、物质资源覆盖面较广，教学科研资源保障力度有待加大

物质支持动力包含八个指标，各指标均值与变异系数见表 4–3。

表 4-3 物质支持动力各维度均值表（N=1677）

维度	均值（M）	标准差（SD）	变异系数（CV）
学校营造积极向上的学术氛围	3.87	0.765	0.198
学校关心教师专业发展	3.79	0.807	0.213
工作环境舒适	3.69	0.849	0.230
学校图书、期刊资源丰富	3.67	0.865	0.236
学校网络资源设施先进、便捷	3.78	0.785	0.208
学校科研仪器设备先进、易用	3.60	0.846	0.235
办公条件满足教师专业发展需求	3.66	0.837	0.229
薪酬福利、社会保险、公积金等有保障	3.61	0.902	0.250

调查显示，民办高校教师专业发展的物质支持动力在三个二级维度均值中居中等位置（M=3.71，CV=0.183）。结合访谈分析发现，民办高校比较重视营造积极向上的学术氛围，关心教师的专业发展，能够努力为教师提供较好的专业发展环境。但仍需加大教学科研仪器设备及教师待遇的保障力度。

（一）物质资源覆盖面较广

总体而言，民办高校能够为教师专业发展创造良好的工作环境，提供基本的物质资源保障、基本的办公设施，为实验实训和科学研究提供基本的仪器和设备支持。与公办高校相比，民办高校在教学资源配置上较为丰富，但较为突出的问题表现在重硬件轻软件，有些设备和教学资源购买后开发不够，基于设备资源开展的教学改革推进不够，教师对教学资源的整体利用率和应用不足等方面。[①] 从本研究的数据分析来看，“学校营造积极向上的学术氛围”

① 宋权华，于勇．高校教师信息技术素养：现状、困境与路径：以我国西部地区部分高校为例[J]．现代教育技术，2020（10）：78-84.

均值为3.87，在八个指标中分值最高。其次为“学校关心教师专业发展”和“学校网络资源设施先进、便捷”，均值分别为3.79、3.78。有研究表明，工作条件会影响教师的教学成效。[①]一方面，物质支持是教师专业发展动力生成的基本前提和保障，物质支持到位，教师就能安心投入到教育教学工作中，有利于教师专业发展的持续跟进和全情投入；另一方面，物质支持能够解决教师后顾之忧，为教师专业发展注入活力。因此，主动满足教师对教学、科研、工作环境的发展需求，不但有利于激发教师专业发展动力，而且能更好地体现学校对教师专业发展的强劲支持动力。

“学校教师发展中心经常开展一些活动，工作坊、微课慕课制作、教学改革研讨交流等，这些活动我基本都会去参加、去学习，感觉在自己的教学上能够用到，有改进。”（D204，20181212）

（二）教学科研资源保障力度有待加大

近年来，民办高校在教师专业发展的资源投入方面做了大量工作，教师也切实感受到学校对教师发展的关心和支持。但总体来说，教学科研资源的支持保障力度还有待加大，资源投入对教师专业发展成果贡献成效不佳。数据分析显示，“学校科研仪器设备先进、易用”均值为3.60，在八个指标中得分最低。其次为“薪酬福利、社会保险、公积金等有保障”，均值为3.61。结合访谈资料可知，教师普遍认为，教师专业发展的重要物质资源至少包括充足的网络学术资源、数据库，满足科学研究的仪器设备资源，与国内外高水平学者的对话交流机会，浓厚的学术氛围，有竞争力的福利待遇等。有调查表明，参与调查的公办高校教师中，有87.02%的教师认为激励制度是教师专业发展中亟须建立的制度。[②]这与民办高校教师的诉求基本接近。访谈

① 许松芽．新手—熟手—专家型教师成长的学校生态观研究［D］．福州：福建师范大学，2004：26.

② 朱伟文，宫新荷．高等工程教育教师专业能力可持续发展的思考［J］．高教发展与评估，2020（5）：68-76+118.

中，有老师说道：

“我们学校的数据库仅仅买了知网的数据库，外文的数据库都没有，我们这方面的需求都没办法得到满足，有些老师想办法买人家的号用。我们也理解学校经费有限，但是学校可不可以想些办法，比如和其他学校合作，我们出一部分钱，让我们用他们的 VPN 账号，解决大家科研方面的需求。”（D205，20181212）

“实训条件还是偏少，我们物流专业在实训方面仅买了两三套软件而已，没有硬件的实验室。物流专业本身就是操作很重要，但我们带学生去企业实践，仅仅是参观，看一看，因为没有经过正规培训上岗是非常危险的，企业不让学生上手操作，我们也不敢让学生动。学生觉得这是‘水课’。所以，我就觉得学校既然要办这个专业，在这方面还是要再投入一点。”（D206，20181212）

“学校图书馆我去过几次，想找一些跟我的教育类专业相关的理论书籍，但真是太少了。还是希望学校在学科布局方面多规划，引进更多的资源，包括期刊杂志。”（D208，20181212）

“我们现在招博士不好招的。我们电子商务专业急需教师，可是招不上。当然，电子商务现在在外面就业环境很好，人家到学校，一看你的工资，直接就不来了。所以，民办高校吸引人才在收入待遇方面应该要比公办高校上去一点，才能有些吸引力。”（D206，20181212）

办学经费紧张及领导认识不够是民办高校教学科研资源支持保障力度不足的主要原因。办学经费的有限性决定了民办高校只能将有限的经费投入到亟待解决的项目中，而主办者往往轻视了教学科研资源保障不足对办学成效的直接影响。因此，不少民办高校更为看重硬件基础设施的投入，对办公条件的改善，教师福利待遇的增加，数据库、图书期刊的购买等资源投入通常能省则省，这在东、中、西部调研的民办高校均有体现。

第二节　提升组织支持动力的协同机理

组织支持动力是民办高校为教师教学、科研和社会服务能力提升所提供的各种支持力量。改变组织对教师专业发展重要性认知观念更有利于促进教师专业发展动力水平提升。组织的支持力量可通过配套制度、团队建设和资源保障等形式具体化并得以实现。

一、配套制度释放着组织支持动力

群体由个人构成，组织由群体成员构成。按照场动力理论观点，从组织角度出发，改变学校对教师专业发展的整体观念更有利于提升教师个人专业发展动力。因此，要求教师个体增强专业发展内在动力，首先要改变学校对教师专业发展的观念和准则，即建设和完善教师专业发展制度，促使教师个体在行为准则压力的驱动下，将个人专业发展行为向着学校要求的方向转变。教师专业发展离不开制度的设计与实施，当民办高校教师专业发展的制度设计和实施效果能够保证和推动教师专业发展，组织的支持动力才会得到有效释放。调研中，多数教师也认为加大教师专业发展制度支持力度有助于调动教师专业发展的积极性，产生正向激励。有研究显示，90.08% 的被调研公办高校教师认为教师发展能力的提升主要受学校教师发展制度的影响。[①] 相对公办高校而言，民办高校教师专业发展制度建设不健全问题更为突出，教师开展自主学习和研究的时间不足、经费支持及管理制度不到位，学术交流培训制度针对性不强等问题，有碍真正发挥组织对教师专业发展支持的有效性。民办高校教师作为知识型员工，具有素质高、思维活跃、自尊心强、自我成就感强的群体特征，更期待自身的专业发展需求能够得到组织充分的理解，并通过完善配套制度获得认可和支持。

---

① 朱伟文，宫新荷，高等工程教育教师专业能力可持续发展的思考［J］．高教发展与评估，2020（5）：68-76+118.

《中共中央　国务院关于全面深化新时代教师队伍建设改革的意见》提出真正让教师成为令人羡慕的职业。然而，有的民办高校人文关怀投入仍显欠缺，管理人员服务意识淡漠，工作中缺少对教师应有的尊重、理解和支持；规章制度的理性化和管理的人性化不能有机结合，缺乏必要的心理疏导和情绪调节；职工文化生活比较匮乏，个人兴趣爱好无处彰显，组织支持表现乏力。而通过提升教师科研支持力度、改革薪酬制度、改善工作环境等组织支持可以有效减少民办高校教师离职行为。[①] 国外研究发现，组织可以通过对员工的发展规划、薪酬制度设计等制度体系的完善改变员工对组织的看法。[②] 因此，作为一种正式的支持系统，科学合理的教师专业发展制度体系能够提供有效的组织支持。

二、团队建设放大着组织支持动力

场动力理论强调，群体是相互联系的动力整体，群体的结构特征由其内部成员之间的关系决定。改变个体成员，需要先从改变群体的价值观及行为准则入手，通过群体的改变影响个体发生变化。作为群体表现形式的教师团队，形成和发展应具备的基本要素主要有：团队文化、团队带头人、制度规范和运行机制。这些基本要素的发展及协同机理直接作用于组织，影响并放大着组织支持动力。具体来说，团队文化是团队长期形成的一种集体价值观念，是团队当中每位成员工作态度、工作士气、工作信念的直接体现，有着良好团队文化的教师团队能够有效激发教师潜能，自觉形成教师个体的内在发展动力，形成较强的团队凝聚力并助力组织支持动力提升。带头人是团队的核心，代表着团队教学或学术研究的最高水平，要通过带头人的引领作用

① 彭晓丹．影响民办高校教师离职倾向的因素研究［J］．经济研究导刊，2018（16）：116-117.

② DECHA D. The mediating role of organizational embeddedness on the relationship between quality of work life and turnover［J］. International Journal of Manpower, 2017, 38（5）: 696-711.

激发各位成员的主观能动性，有序协调成员间的协同研究，促进团队及个人发展。制度构建是教师团队建设的重要保障。有研究表明，良好的制度建设可以更加有效地促进团队成员开展合作，推进成员教学和科研经验的传播，有助于形成驱动力①，推动教师团队各项工作有效落实，促进团队发展并惠及其他团队，进而扩大到组织支持动力的加强。制度构建既包括组织层面的制度体系建设，也包括团队内部的活动安排和准则制定，因此，团队建设中的制度构建和完善，反映出组织制度的科学性和操作性，是组织支持动力是否充足的直接体现。团队的运行机制保障团队的动力系统，要按照一定的运行规律，通过各要素间的相互作用、彼此支撑，加强团队内、外部的互动交流，促进教师团队的健康发展并保持团队的开放性和创新性。

为此，民办高校要高度重视教师团队建设的重要性，从团队文化培育、带头人培养、相关制度完善、运行机制搭建等方面入手，按照团队既定的发展规划和目标，有序推进团队建设，释放团队成员的潜能优势，增强团队的凝聚力和向心力，提高团队成员的信任度。通过不断加强教师团队建设作用于组织对教师专业发展的支持，放大教师专业发展组织支持动力。

三、资源条件保障着组织支持动力

教师专业发展动力的提升需要学校各项资源的保障，资源的支持力度决定了教师专业发展组织支持动力的供给程度。调研发现，当前民办高校教师专业发展组织支持动力的资源保障主要集中在学校发展氛围的营造、对教师专业发展工作的关心支持以及为教师提供的良好工作环境方面。实际上，民办高校教师专业发展的资源需求是多方面的，除基本的资源保障外还需要与专业配套的图书期刊资源、所涉专业的中外文数据库、满足专业发展的科研仪器设备及相对完善的待遇保障等，这些资源是民办高校教师专业发展的前

① 李小燕，查道林．制度与机制：一流教学和科研团队建设的抓手[J]．中国高等教育，2018(Z2)：58-59.

提和基础，保障着组织支持动力的持续供给。当前，我国民办高校依然面临办学经费紧张、基础设施建设不足、教学资源供给有限等现实，不少民办高校忽视资源保障对教师专业发展的重要作用，不利于教师专业发展。

为此，应充分认识教师专业发展在民办高校教学质量提升中的关键作用，注重处理好硬件资源保障与软件资源提供之间的关系，优先确保民办高校教师的待遇保障，统筹协调各部门的制度安排、管理能力、教学科研仪器设备投入、图书资源、数据库资源等，将有限的办学经费投入到教师专业发展等关键资源上，增强办学软实力，确保持续加强教师专业发展的组织支持动力。

第三节　组织支持动力提升策略

教师专业发展是特定环境的产物。在民办高校特定环境中，制度、文化和物质支持是影响教师专业发展的重要因素。加大组织支持动力，有利于打破教师自主发展的固有模式，改变学校固有观念和态度，实现教师个人与组织的共同发展。

一、健全教师专业发展制度体系，发挥制度导向力

制度体系包含一系列规则、办法，旨在引导和约束人们明确理念、坚守道德、规范行为。[①] 制度导向的正确性是发挥组织支持动力有效性的关键环节。针对民办高校教师专业发展制度趋同化明显、制度衔接不畅、制度持续性较差、制度支持成效不佳等情况，亟须立足民办高校办学实际，构建科学、合理的教师专业发展制度支持体系，充分发挥制度导向力，畅通教师专业发展通道。

① 诺斯．经济史中的结构与变迁［M］．上海：上海三联书店，1994：226.

第一，确保制度导向的正确性。正确的制度导向是制度发挥效力的前提。首先，制定规章制度前，要加强对教育政策的学习和领会，做到有法可依。其次，制度制定应立足校情，坚持民主集中的原则。结合民办高校教学型、应用型等特点，合理统筹规划教学及科研发展，根据教师岗位特征，合理安排教学工作量，增加专任教师数量，精简行政事务干扰，减轻教师负担，为教师专业发展留足时间。最后，制度制定除了参考同类院校的先进举措外，还要广泛征求本校教师意见，并组织内部讨论，确保出台的政策切实可行。此外，制度的制定要坚持正向激励的原则，确保制度真正发挥效力。

第二，加强教师专业发展制度体系化建设。首先，教师专业发展制度体系是教师人事管理、岗位管理、培养培训、教学管理、经费管理、企业锻炼、职称评定、考核管理等一系列制度的集合，要始终将促进教师专业发展作为学校制度建设的主线。其次，要发挥制度合力，助推教师专业发展。教师专业发展相关制度的建立要以国家及地方相关政策法规、学校章程、学校师资队伍建设规划为依据。要在明确学校教师专业发展投入经费比例及数额的基础上，科学制定相关制度，确保法规制度相一致、相契合，相关制度切实可行、推进有效。教师专业发展制度体系内部通盘协调，做到制度间不冲突、不矛盾，衔接有序，实现教师专业发展制度体系建设目标。最后，要确保在相当的时间内发挥制度效力，确保制度的稳定性、连续性和严肃性，避免教师无所适从，降低制度的效用和学校的威信。

第三，完善制度评估反馈机制。推动系统自组织的根本动力是各因素的相互作用。[①] 民办高校教师专业发展制度体系的运行必然对教师专业发展产生影响和作用，其本质在于制度系统内部的非线性相互作用形成的反馈机制。制度的评估与反馈包括两方面，一是对制度运行成效的评估。民办高校应对制度的科学性、协调性、有效性进行测评，及时发现问题，作出相应的调

---

① 沈筱峰，吴彤，于金龙．从无组织到有组织，从被组织到自组织[J]．自然辩证法研究，2013(8)：122-126.

整。[①]应建立制度执行意见评估反馈机制，请教师对专业发展的相关制度提出意见与建议，再由管理部门收集信息后进行研讨，科学调试相关制度，形成制度建设的评估反馈环。二是制度执行结果的反馈。对教师专业发展制度，如考核制度、晋升制度、经费审核制度等，建立动态反馈机制，定期监测制度执行的成效。

二、建好学术共同体，融汇文化凝聚力

文化支持是促进教师专业发展的融合剂，团队建设是民办高校加强文化支持动力的重要抓手。针对当前民办高校学术团队建设不充分的现状，民办高校要进一步理清思路，通过积极探索多元化的学术团队形式，营造良好团队协作氛围，建好学术共同体，汇聚文化凝聚力，切实发挥组织对教师专业发展的文化支持动力。

第一，明确民办高校学术共同体的建设思路，激发学校发展内生动力。民办高校办学者和校级领导要深刻认识到建好学术共同体的作用和意义。加强团队建设，建好学术共同体，可以增强教师主体专业发展意识，激发教师专业发展动力，对教师个体专业发展产生较大影响。学术共同体可通过学术交流、学术沙龙等活动深入挖掘大学潜在资源，汇集学校改革发展的内生动力，[②]指引教师专业发展方向。从自组织理论的观点来看，知识是群体互动和社会协商的产物，学术共同体既是知识发现的主体，又是知识发展的机制。[③]构建民办高校学术共同体应聚焦“教学学术”，强调“协同共进”，凝聚各方力量，相互协作配合，共同发展。逐步形成“跨界联合”，融汇不同学科、不同行业企业专家学者，通过资源技术共享与合作，推动教学科研的

① 刘献君．论高等学校制度建设［J］．高等教育研究，2010（3）：32-39.

② 于胜刚．自发性组织与制度性组织：中国大学学术共同体的两种样态［J］．东北师大学报（哲学社会科学版），2017（2）：147-150.

③ 袁广林．大学学术共同体：特征与价值［J］．高教探索，2011（1）：12-15.

生产力，实现教师个体专业发展的演进和提高，达到激发学校发展内生动力的目的。

第二，积极探索多元化的学术团队，着力培育优秀学术共同体。学术共同体的建设应多元化，探索不同类型的学术团队，能够激发团队协作潜能，提高团队绩效。民办高校应重点做好以下几方面工作：一是要根据学校发展定位，鼓励建立教学团队、学术团队、创新团队、技改研发团队等多元学术共同体，分类搭建学术平台，加强学校支持动力，带动不同专长的教师提升专业发展水平。二是要加强团队带头人的培养。从调研的 7 所民办高校情况来看，团队带头人缺乏具有普遍性。完善团队带头人培养制度，设立团队带头人津贴，多渠道、多途径加强团队带头人的培养力度，逐渐建成一支在专业领域能够起到领航作用的带头人队伍，辐射周边，扩大团队影响力并扩展团队生命力。三是要搭建团队梯队。从年龄、职称、学历、知识、领域、能力结构等多方面整合团队，涵育一批优秀的学术骨干，形成协同攻关力量，逐步增加团队教学科研成果积累，获取更多有利于团队发展的学术资源，促进中青年教师群体性成长，为民办高校学科及专业发展积攒后劲。四是完善团队运行机制。建立团队文化，加强团队凝聚力；强化引育制度，用好现有人才；构建良性互动，汇聚更多信息与能量；注重人文关怀，促进成果共享。

第三，建立以“服务学术”为本的行政管理体系，营造互相支持的工作氛围。大学行政是大学内部的各类管理工作的集合。管理的内涵是实现资源的科学配置和服务，完成组织任务，实现组织目标。大学行政机构本质上从属于学术，因此，构建“服务学术”的行政管理体系是大学行政工作的基本要求。民办高校为更好地促进教师团队建设，行政各部门应以教学科研为中心，提高服务精准度。一是要充分利用地方区位优势，借力政府、行业和企业资源，采取有效措施为学术共同体搭建校企资源与信息共享平台，为建好学术共同体助力。帮助教师解决“自己对接企业难度非常大”（D206，20181211）等相关困扰。二是搭建教学科研平台。围绕“教师发展”这一主线，以各类项目平台、科研平台、校企合作平台为载体，制度上加以支持、经费上给予保障、管理上做好服务，汇聚各方合力，建好学术共同体。

三、加大教学科研保障力度，聚合资源支持力

教学科研资源保障是学校对教师专业发展提供支持动力的基本体现。本研究中，支持民办高校教师专业发展的教学科研设备及图书资源保障仍然存在较大缺口，教学科研资源投入针对性不强、教学科研仪器设备管理维护水平不高、教师福利待遇竞争力不足等问题较为突出，需要聚合资源支持力，统筹规划教学科研资源投入，提高资源设备保障水平、优化教师薪酬福利待遇，为教师专业发展提供充足的组织支持动力。

第一，精准规划实验室及图书资源投入。良好的教师专业发展必须有结构、功能相配套的教学科研设备资源做支撑。一是要做好实验室建设及图书馆资源投入规划。广泛征求教师意见，针对性地解决教师专业发展所需教学科研资源支持不足问题。二是鼓励和支持校企共建实验室。制定激励政策，鼓励社会力量和学校共建实验室，加大与企业的合作力度。三是对实验及图书资源投入进行科学评估。将实验室建设规划、运行管理、资源开放、仪器设备利用率等作为实验室评估的主要指标，强化实验及图书资源在教师专业发展中的作用。

第二，建立实验仪器设备使用和管理机制，加强仪器设备维护和管理。本研究发现，民办高校保障和维护教学科研仪器设备的水平不高，实验室、实训室普遍存在不能正常使用的仪器设备，待修设备数量较多，有些坏损设备长期得不到维修，无法有效服务于教师的科学研究。同时，还存在部分系部实验设备共享度低，部分设备使用效率不高等现象。因此，民办高校亟须加强实验室建设和管理力度，聚合资源支持力。应着力做好以下三点：一是实施实验室规范管理，加快完善相应管理制度。建立实验室技术人员岗位管理办法、实验室技术人员考核管理细则等制度，实现实验室规范化管理。二

是健全实验仪器设备使用流程和管理机制。统筹安排各类管理人员，避免出现身兼多职导致的责任不清现象，明确各自责任分工，也可通过安排学生助管值班的方式进行管理；设备管理人员做好各类实验仪器设备的使用、运行和维修，做到管理有序、有据可查；根据学科建设及科研发展水平有针对性地进行科研实验室建设，为教师专业发展提供支持。三是提高实验室维修和管理人员水平。提高实验室队伍素质是建设实验室的根本保障，建议通过优化人员结构和开展技能培训、参观考察、实验室建设交流研讨等方式，提高实验室队伍的综合业务素质。

第三，优化教师待遇保障。待遇保障是民办高校教师专注专业发展的基础，较大程度地反映出教师的职业安全感和忠诚度，需要民办高校高度关注并加大支持力度。调研发现，民办高校待遇保障竞争力不强、薪酬制度激励作用不大是导致民办高校所需人才引不进、留不住的主要原因。为此，建议从以下几方面着力提高民办高校教师待遇：一是民办高校要从战略发展层面认识到“一个学校拥有好老师是学校的光荣”，教师是学校发展的第一资源。建议在参考公办高校教师工资制度的基础上，发挥民办高校制度灵活优势，优化薪酬分配制度，吸引高层次人才长期服务民办高校。二是下调社保学校缴费部分的比例，适时调整学校和教职工的“五险一金”缴费比例，[①] 依法足额缴纳“五险一金”，研究探索民办高校教师退休后与公办高校教师同等退休待遇方案。三是建议地方政府研究出台扩大民办高校教师保障范围的办法，通过优化制度设计优化教师待遇保障，例如为满足一定条件的优秀民办高校教师争取事业编制；为在民办高校工作一定年限、逐年考核合格、获得相应职称、符合学历要求的教师提高社保缴费基数、办理企业年金或提高公积金缴纳额度等。四是加大民办高校青年教师的保障力度。可将民办高校教师住房纳入政府统筹规划。

---

① 周海涛，景安磊，刘永林 . 助力支持和规范民办教育发展［J］. 教育研究，2017（12）：38-41.

第五章

民办高校教师
专业发展的社会支持动力

良好的社会支持环境是民办高校教师专业发展的前提和基础。社会对民办高校教师专业发展提供支持动力，既体现了国家和地方政府关于民办高等教育政策法规的实施效力，也反映出社会各界对民办高校及教师的认可度。数据分析发现，民办高校教师专业发展社会支持动力均值为3.58，在三个二级维度中，社会评价动力均值为3.72，分值最高，政策支持动力均值为3.51，分值最低。说明民办高校教师的育人成效能够得到社会和用人单位的认可，但对于国家和地方出台的民办教育相关支持政策，教师的获得感普遍不高。这主要源于政策支持的规模与范围存在较大差异，财政扶持不均、同等待遇落实不够；校企合作体制机制不健全，企业缺乏一定信心；民办高校教师的专业水平相对不高。需要提高政策执行效力、强化政策宣导力度，健全校企合作机制、增强产教融合力，完善评价与反馈机制，提升社会认可度。

第一节　社会支持动力水平现状分析

基于民办高校教师专业发展社会支持动力的理论模型，在数据分析与访谈的基础上发现，民办高校教师专业发展社会支持动力水平均值为3.58，在三个一级维度得分中处于较低水平，存在政策支持获得感不高，政策落实迟缓，校企合作有待深化，社会信任度有待提升的问题。这与政策支持的规模与范围不平衡、财政扶持不均、同等待遇落实不够、校企合作体制机制不健全、民办高校教师的专业水平还未被完全认可等因素密切相关。

一、政策支持获得感不高，政策落实步伐迟缓

民办高校教师政策支持动力包含五个指标，各指标均值与变异系数见表5-1。

表 5-1　政策支持动力各维度均值表（N=1677）

维度	均值（M）	标准差（SD）	变异系数（CV）
享有与公办高校教师同等参加师资培训的权利和机会	3.48	0.936	0.269
享有与公办高校教师同等参与教学科研项目申报立项的权利和机会	3.55	0.900	0.254
享有与公办高校教师同等参加学术交流研讨的机会	3.51	0.895	0.255
享有与公办高校教师同等参加各类评奖评优的机会	3.49	0.882	0.253
享有支持民办高校教师专业发展的政策优待	3.53	0.863	0.244

调查发现，民办高校教师专业发展的政策支持动力（M=3.51，CV=0.231）得分换算成百分制为 63 分，处于三个维度中最低水平，变异系数值较高，表明民办高校教师专业发展的政策支持力度相对较低。结合访谈分析发现，社会及学校对法律政策的宣传力度不大，民办高校教师对政策支持的获得感不高，各类政策的落实成效不显。

（一）政策支持的获得感不高

研究发现，我国民办高校教师专业发展的政策支持获得感不高。从教师专业发展动力各维度相关分析来看，政策支持动力与教师内在动力的相关系数最低（相关系数为 0.331**）（表 2–2），正相关程度较低，说明政策支持的激励作用发挥效果不大。数据分析显示，专任教师政策支持动力水平的均值最低，31—50 岁的教师专业发展的政策支持动力水平显著低于 51—60 岁教师，在校工作 6—10 年的教师政策支持动力均值最低。这些教师处于专业发展关键期，对政策支持的期待较高，虽然目前国家对民办高等教育投入力度不断加大，但对于专注于教学工作的教师而言，获取这方面信息的渠道有限，相当一部分教师对近年来民办教育的利好政策了解不多。实际上，在与教育行政部门、公办高校教师交流时，民办高校教师常能深刻感受到与公办高校教师的不同等对待，并将其归咎为政策支持力度不大。这种政策落实不够投射出来的在教学、科研、社会保障等方面的不平等待遇极易让民办高校教师产生心理落差，降低对民办高等教育的发展信心。

“去年就听说国家出台了同等对待的相关政策，对我们来说是一个非常利好的消息，但是，到现在也没有任何动静，没有实施，所以大家都感觉是‘画了个饼’。很多细则我们也不知道，不是很了解。”（X108，20181112）

“教师专业发展的政策瓶颈更多的是国家和地方层面的，前两天去区里开会，一个专家说，他来这里做评估是带着同情心来的，因为在他的认知里，我们西部经济落后，所以教育的支持就跟不上。真的是戴着有色眼镜看我们的。”（X108，20181112）

（二）政策落实步伐迟缓

当前，民办高校财政扶持政策不均衡、地方政策创新不够、同等待遇落实不到位等问题依然存在，教师专业发展政策的落实有些迟缓。民办高校教师在培养培训、职称评聘、科研立项等方面的权益保障还未真正落实，较大程度降低了教师的从教信心。在访谈中有教师反映：“民办高校教师是可以与公办学校教师一样申报各类项目，但是人家一看你的学校，就没戏了。第二年我让公办高校的师弟做主持人申报，本子的内容没做任何修改，结果批了。民办高校老师获批高级别项目太难了。”（D103，20181211）从国家社科基金教育学研究项目立项数量来看，2018 年民办学校立项的项目仅有 2 项，这与全国民办学校的数量极不匹配。当然，需要充分认清民办高校教师科研基础较弱、民办高校办学时间短、科研环境不佳等客观情况。为此，国家应进一步细化财政扶持政策，大力扶持地方民办高等教育事业的发展，缩小地区间民办高校教师专业发展水平的差距。有民办高校教师说道：

“公办高校对民办高校存有偏见。我们参加全省总控工大赛，学生的成绩非常好，可是评委不相信，认为我们带的学生不对，让我们把学生证拿过去核验，意思是我们可能造假了，他们认为我们民办高校的学生不可能取得这么好的成绩。这说明整个社会都是存有偏见的。”（X102，20181112）

“无论是专业带头人还是教师，学习机会真的是太少太少了。上次我去四川大学培训了几天，就跟井底之蛙一样，听人家说什么都是新的，没有一个是原来听过的，所以，培训那几天，我真是感慨万千。”（X109，20181112）

“我们去公办高校参观，看到一台2000万的设备，这个设备是可以进行生产的，和我们的专业非常匹配，他们院长说这是国家支持建的。我们看着特别眼红，我们专业急需，很想建，可是学校没钱。所以，我觉得国家政策和经费支持力度，对民办高校的专业发展倾斜太不够了。同样是为国家培养应用型人才，公办和民办可是天壤之别。”（X108，20181112）

二、行业支持范围较广，校企合作有待深化

行业支持动力包含七个指标，各指标均值与变异系数见表5–2。

表5-2　行业支持动力各维度均值表（N=1677）

维度	均值（M）	标准差（SD）	变异系数（CV）
行业企业愿意提供教师实践锻炼的场所	3.58	0.815	0.228
行业企业专家能够指导教师提高实践能力	3.53	0.827	0.234
行业企业提供教师专业发展的实践项目	3.52	0.831	0.236
行业企业提供教师专业发展的制度保障	3.47	0.844	0.243
行业企业支持教师专业发展	3.51	0.818	0.200
媒体客观报道民办高校和教师	3.62	0.764	0.233
社会组织、协会等第三方机构关注民办高校教师专业发展	3.56	0.804	0.226

调查发现，民办高校教师专业发展的行业支持动力（M=3.54，CV=0.206）得分换算成百分制为64分，处于三个维度中的中等水平。结合访谈分析发现，行业企业对民办高校和教师的支持范围较广，但校企合作的深度不够。

（一）行业支持范围较广

从相关分析来看，行业支持动力与教师内在动力的相关系数值为0.385**（表2–2），接近中度正相关，说明行业支持与教师内在动力作用明显。通过访谈发现，行业企业对民办高校教师专业发展的支持主要体现在优化课程与教学内容，协助开展安全培训、技能考证培训、管理知识培训，提供教师教改科研项目调研、企业挂职锻炼、实践场所等方面。民办高校教师进入企业，能够及时掌握专业发展的最新信息，了解最新的企业生产工艺流程，将企业新工艺融入课堂教学，有助于提高教师的实践教学能力。

“2018年11月1日到2019年1月31日，我到会计师事务所锻炼了3个月，收获非常大。企业对我给予了大力支持，之前有安排好的实践锻炼内容，去了后发现他们还有资产评估有限公司，正好我下学期要带的课程是‘资产评估’，所以就和项目负责人沟通，希望学习和了解资产评估业务工作流程，项目负责人非常支持，我们商量调整了锻炼内容，抽出三个星期的时间学习了资产评估的完整流程，这对于我下学期的教学工作帮助很大。为了将自己在企业中学到的实践知识运用到教学中，整个寒假我都在认真备课，在教学设计中融入了资产评估的实践知识。所以，我感觉下企业锻炼对应用型民办高校太重要了，很多方面都有认识上的提高，我想以后也争取在寒暑假自己找单位去学习。”（X111，20190405）

“我们和鄂尔多斯的这家企业合作了三年，企业积极性很高。企业主动提出设立奖学金，按照20%的比例发放，额度比学校的还高，企业愿意要我们的学生，解决了他们的用人需求，2017年录用了90多名学生，2018年录用了80多名学生，2019年又录用了120多人，学生去那儿比较稳定。我们刚开始提出在企业设立‘教务组’处理校企对接的具体工作，后来校企合作成立了‘产业学院’，教材合编、员工培训、科研项目共同申报都开展起来了。”（X113，20190407）

（二）校企合作有待深化

行业企业对民办高校教师专业发展支持需要进一步深化，校企双方的合作紧密度仍需加强。研究发现，“行业企业提供教师专业发展的制度保障”分值最低，表明企业对民办高校教师专业发展的制度支持仍需完善。在实际调研中也发现，校企合作的制度保障主要体现在学生培养、实习实践、毕业论文（设计）指导等方面，这些支持大多面向学生，对教师实践能力的提升、应用研究成果的转化等作用不大。结合访谈发现，企业的生产、管理工作任务重，教师进入企业的机制不健全等因素，一定程度上制约了双方合作的深度，导致民办高校教师和企业之间的联系微弱，教师参与行业企业研发、技术改造升级等横向课题机会较少。访谈中，有管理者说道：

“我们和企业谈合作，更多的是学生的培养、实习和就业问题，教师的合作都是捎带的，搞个培训之类，要开展深度合作，让老师确有收获，更多的需要在企业里有熟人，这样，老师在专业能力方面提升才比较大。”（Z103，20181013）

“我们学院去年召开了校企合作研讨会，企业也来了不少技术专家，双方坐在一起，将企业生产中存在的技术问题罗列出来，经沟通商讨，达成了初步的合作意向，但是后来就不了了之了，双方都没有跟进，会开了，制度没跟上。当然，我认为主要问题还是在学校，因为校企合作育人主体还应该是学校，学校没有跟上，企业也不会追着来。”（X112，20190407）

“校企合作，一定要经常走动，关系建立起来，合作才能深入。我经常带着学院的老师去企业，对方很给力，其实说实在的，也是因为我现在职称、学历都上去了，企业一听说是省级学科带头人，博士、教授，态度都不一样了。2014 年去这家企业就没谈成，当时他们老总觉得我学历不高、职称也不够，又年轻，虽然是院长，也没把我当回事。现在自身条件改善了，才有跟人家（企业）对话的可能。而且，现在自身水平提高了，和企业交流，他们说什么都懂，比较对等，这一点很重要。所以，我回校后，在校企合作方面重点推应用项目，希望企业给我们提供一些科研项目平台，今年我们学院毕业生的毕业设计就是导师和企业技术人员共同指导完成的，一共八项。通过毕业设计，学生提高了，老师也提高了。现在我们学院老师自己也有动力，主动和企业寻求合作，围绕自己研究方向找切入点。”（X113，20190407）

民办高校与企业合作不深，主要有三点原因：一是有关教师专业发展的合作运行机制不健全。当前，各地关于教师的考核制度不健全、激励措施不完善，在思想引领、规章制度、管理运行、组织实施方面缺乏系统规划、具体要求及基本规范。二是校企合作管理队伍缺失。很多民办高校已与企业达成合作共识，形成初步合作意向，但由于管理人员跟进不及时、对接部门不明确等因素，不少合作项目夭折。另外，不少民办高校缺少教师校企合作问题的反馈机制，有的合作问题和诉求得不到及时解决，校企合作工作无法有效推进。三是企业对校企合作缺乏一定信心。一方面，政府在政策制定与实施、财政投入与支持方面力度不够，企业与学校合作的收益与预期不高，对校企合作缺乏热情；另一方面，企业更愿意与公办高校开展企业技改、研发等横向课题，这既与民办高校管理体制有关，也与民办高校教师科研水平不高有关。访谈时，有老师说道：

“企业的技改项目一般不会给我们，而是会请更好的大学来参与研发，可能也是认为我们没有能力解决企业在技术方面遇到的难题吧！”（Z103，20181014）

“一些大点的技改项目，企业更愿意和985等高校合作。还是学校平台的问题，平台效应。企业更愿意相信或更愿意承认公办院校的老师能做一些好的科研项目或者好的课题，我们接触到的主要是应用方面的。”（X113，20190407）

“与企业研讨，到企业征集了很多课题，但是拿到学校老师不承接，做不了。因为这些课题不仅是研究性的，主要是技改，老师们大多没有生产经验，哪儿来的技术改造基础？合作是基于双方都有共同的实力，双方都能提出合理化的方案建议，有相当的技术水平，这才能开展。”（X113，20190407）

三、应用型人才培养质量获得认可，社会信任度有待提升

社会评价动力包含四个指标，各指标均值与变异系数见表 5–3。

表 5-3　社会评价动力各维度均值表（N=1677）

维度	均值（M）	标准差（SD）	变异系数（CV）
社会公众信任民办高校教师	3.54	0.801	0.226
用人单位认可学生专业知识水平和技能	3.78	0.674	0.178
用人单位认可教师教学内容与企业岗位要求的一致性	3.76	0.675	0.180
用人单位认可教师教学水平	3.82	0.650	0.170

调查发现，民办高校教师专业发展的社会评价动力（M=3.72，CV=0.167）得分换算成百分制为 68 分，处于三个维度中最高水平。结合访谈分析发现，用人单位及社会公众对民办高校学生培养质量较为认可，但对民办高校教师的综合评价仍然不高，教师的社会地位有待提高。

（一）人才培养质量获得认可

用人单位对民办高校应用型人才培养质量评价较高，普遍认为民办高校学生实践操作水平和能力符合用人要求，学生踏实务实，就业比较稳定。从数据分析来看，“用人单位认可学生专业知识水平和技能”均值较高（M=3.78，得分换算成百分制为 70 分），也证明了“用人单位认可教师教学水平”（M=3.82，得分换算成百分制为 71 分）。教学质量提升是学校发展的

首要任务，只有教学质量得到社会的认可，培养的人才受到企业的欢迎，民办高校才能获得健康可持续发展。

有民办高校管理者说："企业招员工不看你是公办高校还是民办高校毕业的。在企业实习的有我们学校的学生，也有×××大学（公办）的学生，他们看能力，看重学生的实习表现，今年就招了我们的两个学生，觉得我们的孩子更踏实，实践动手能力强，做的检测分析操作流程、步骤都对，更符合他们的要求。"（Z104，20181013）

（二）社会信任度有待提升

数据分析显示，"社会公众信任民办高校教师"在四个指标中分值最低（M=3.54），一定程度上说明社会对民办高校教师的认可度不高。通过访谈得知，管理部门对公办和民办高校教师区别对待，企业对民办高校教师专业发展能力持怀疑态度，导致部分民办高校教师职业信心不够、职业安全感不足、离职倾向较高，"先干着看""找机会跳槽"成为部分民办高校教师的工作心态。总之，与公办高校教师相比，社会对民办高校教师的信任度相对不高，直接影响民办高校教师的专业发展。

"我来这个学校，我婆婆就一直不认可，她理解不了，她说还是公办的好。"（Z106，20181013）

民办高校教师社会信任度不高的原因主要有两点：一是同等法律地位没有得到很好的落实。当前，同等对待落实不好，法定权利的平等与实然权利的不平等[①]，不但降低了社会公众对民办高校教师的评价，而且制约了优秀人才对民办高校的职业选择，影响了民办高校教师专业发展的整体水平。二是民办高校教师专业发展的基础相对不高。一方面，教师专业发展经费没有保障，一些民办高校主要通过"短、平、快"的方式培养教师，有的师资培

① 文川，莫振豪．基于政府责任的民办高校教师权利贫困问题研究［J］．浙江树人大学学报（人文社会科学版），2013（3）：18-23.

训项目能免则免，外出参加学术会议的机会能减则减，教师专业发展的功利主义色彩较重，制约了民办高校教师的专业发展水平。另一方面，民办高校教师专业发展的动力不足，学校支持力度不足反作用于教师个体，教师容易安于现状，主动求变的积极性不够，主动服务产业需求的意识不强，直接影响教师专业发展整体水平的提高。

第二节 提升社会支持动力的时代要求

社会支持动力是社会各界为民办高校教师能力提升所提供的各种支持力量。社会对民办高校教师专业发展的支持动力，是教师内在动力和组织支持动力的集中体现。本部分概括了提升教师专业发展社会支持动力的时代要求，包括政策红利、行业支持、社会认同三方面内容，为民办高校教师专业发展社会支持动力的提升提供理论基础。

一、政策红利增强着社会支持动力

实现民办高校教师与公办高校教师享有同等法律地位是维护法律权威的必然要求，也是民办高校教师的基本权益。1993 年国家教委发布的《民办高等学校设置暂行规定》最早提出民办高校教师与公办高校教师享有同等的法律地位；2002 年颁布的《中华人民共和国民办教育促进法》及实施条例，强调民办学校教师在资格认定、职务评定等方面与公办学校教师具有同等法律地位和待遇。2021 年修订的《中华人民共和国民办教育促进法实施条例》及其配套政策的相继出台，为民办高校教师同等权利的实现提供了更加明确的法律依据，开启了教师权益保障配套政策法规建设的新阶段，对维护教师权益具有“里程碑”意义。《中共中央 国务院关于全面深化新时代教师队伍建设改革的意见》重申了要依法保障和落实民办学校教师在业务培训、职务聘任等方面享有的同等权利。

国家政策法规的相继出台，不仅传递出了政府维护民办高校教师同等权益的决心，而且更加明确了民办高校及教师应具有的权益保障，社会各界应充分解读有关政策，关注并促进民办高校及教师的各项发展。但是，当前民办高校教师专业发展水平不高，同等待遇落实不到位，政策法规执行不及时，民办高校教师专业发展的整体水平与社会经济转型发展的需求还不够匹配，亟须激发政策支持效能，营造良好的政策环境，促使社会各界加大对民办高校教师专业发展的支持力度，提升民办高校教师专业发展动力。

二、行业支持积蓄着社会支持动力

民办高校教师专业发展动力持续增强需要行业企业的不断支持，教师如果仅仅依存于民办高校局部环境，而不与外界行业发生联系，将会对高校环境产生高度依赖，一旦走出高校，教师个体就会不适应。场动力理论认为，开放的系统才能实现与外界能量、物质、信息、资源的交换，要促进教师专业发展动力水平的提升，必须建立开放的发展环境和和谐氛围，调动行业支持动力，与行业企业构建良好关系，才能获得社会持续支持。实践表明，行业支持力度越大，民办高校教师专业发展动力越强。2017 年 12 月发布的《国务院办公厅关于深化产教融合的若干意见》提出深化“引企入教”改革后，民办高校积极应对，教师专业发展也得到较大提升。浙江越秀外国语学院打造学校、行业、企业三位一体协同育人机制，其酒店管理专业与 70 多家五星级酒店共建师资协同育人机制，共享酒店管理数据研究中心，并在多方面联合开展应用研究、定期召开研讨会，增进了学术成果的产出。银川能源学院与企业共建“新能源学院”，不但所培养的应用型人才得到企业的高度认可，而且校企联合开展技术改造项目提升了教师的专业水平；与宁夏福埃沃楼宇设备有限公司共建“电梯学院”，在企业的支持下，不仅建立了校内实训基地，使培养的学生成为企业所需要的高素质、高技能应用型人才，也加快了教师专业培养力度。

民办高校应紧跟社会经济发展形势，密切关注行业企业发展动向，不断拓宽校企合作领域、积极探索产教深度融合实践，有效应对教育供给侧结构性改革；企业也应在横向课题研究、技术改进升级、应用成果转化等方面，加强与民办高校教师的合作，共同拓宽教师专业发展领域，不断积蓄行业支持动力。

三、社会认同彰显着社会支持动力

教师专业发展是各相关利益群体共同参与的开放系统，在这个系统中，社会各利益群体对教师专业发展施加影响，共同作用于教师专业发展。近年来，社会各界对民办高校教师专业发展认同度不断提高。随着相关法律法规的颁布，各地政府相继出台了民办高校教师专业发展的支持政策。只有当社会对民办高校教师的认同达到一定程度，教师切实感受到社会各界的关心与支持时，民办高校教师专业发展的制度瓶颈和发展困境才能够逐渐消除，教师才能真正获得社会的支持，切实提升专业发展动力。本研究也发现，社会支持动力与教师内在动力存在显著的正相关，相关系数大于0.4，表明社会支持动力越高，民办高校教师专业发展的内在动力越足，反之亦然。

但实践中，我国民办高校教师尚面临来自教育行政主管部门、公办高校、社会用人单位的不同等对待，外部发展环境仍不乐观。从场动力理论的观点来看，环境因素始终渗透于个体行动中，人的行为随着个体需求与环境这两个因素的变化而发生改变。对于教师个体而言，个体和环境存在一种平衡的状态，当平衡状态被打破，个体就会进入紧张状态，这个紧张系统会因需要的达成而消解，反之，就会继续保持下去，并生成努力满足需要的持续动力。[①]可见，民办高校教师专业发展动力的提升，离不开与之相适应的外部

① 车文博．西方心理学史［M］．杭州：浙江教育出版社，2003：437.

环境。这就需要社会各界同等对待民办高校教师，充分肯定民办高校教师的社会贡献，给予民办高校教师专业发展持续的支持，协同推动民办高校教师专业发展。

第三节　社会支持动力的提升策略

面对提升教师专业发展社会支持动力的时代要求、现状及成因，需要全社会树立公平对待民办高校教师的理念，加快落实相关政策法规，强化政策宣导力度，推进产教深度融合，切实加大民办高校教师专业发展的社会支持动力。

一、提高政策执行效力，强化政策宣导力度

政策扶持力度直接影响民办高校发展的规模、速度及水平。当前，在政策落实和宣传导向方面仍存在差距，需要在资金投入、重点政策落地、协同共进方面用力。

第一，推进民办高等教育教师发展相关政策落地落实。将民办高校教师培养培训政策纳入地方政府的教师发展规划，给予民办高校同等的项目申报资格，优化民办高校教师的社保制度，助推教师合法权益落到实处。

第二，设立财政支持专项资金。基于公共财政的公共性及民办教育事业的公益性，国家应该对民办高校及教师予以相应的财政支持。因此，一方面，建议国家层面设立民办高校教师发展专项资金，将民办高校教师的培养培训工作纳入全国高等学校教师培养培训统筹规划，分层、分类、以点带面地支持民办高校加强教师专业发展。同时，完善保障监督机制，加强教师专业发展各项工作的过程管理。另一方面，国家应明确要求地方政府通盘考虑所辖范围内公、民办高校教师队伍协调发展，在地方财政预算中，合理安排适当

比例的民办高校教师发展专项经费，促进教师队伍发展、保障教师同等权益、稳定民办高校教师队伍。

第三，强化各类法律政策宣导力度。民办教育新法新政及教师专业发展相关政策出台后，政策实施效果与政策目标尚有一定差距，其中，宣导力度不够是政策预期不理想的重要原因之一，必须强化各类法律政策宣导力度。一是加大政策宣传力度。各级政府应面向媒体和公众宣传促进民办高校教师专业发展的相关政策，可采取典型报道、热点引导和社会动员的方式。典型报道主要针对民办高等教育领域具有代表性、示范性、引领性的教师或事件进行报道，以加大在公众中的影响力。热点引导是利用媒体对社会公众较高关注度的政策进行集中报道和释疑，加深社会公众对政策的参与和理解，形成舆论焦点。对于关键性的政策应通过组织化的宣讲进行传达，并层层落实，层层部署。二是采取例行新闻发布模式宣讲相关政策。新闻发布模式是政府通过电视、网络媒体直播等方式，使媒体主动围绕新闻事件和议题进行报道。我国现在已经建立起三级新闻发布制度，可以通过新闻发布、专题访谈、节目制作等方式，就民办高校教师相关政策的改革和突破及民办高校教师在人才培养、教学改革等方面取得的突出成绩等，以点对点的信息传递方式，与公众直接对话和双向互动，带动公众多渠道关注民办高校教师，形成良好的社会支持氛围。

二、健全校企合作机制，增强产教融合力

2019 年 2 月印发的《国家职业教育改革实施方案》提出“没有职业教育现代化就没有教育现代化”，要求普通本科高校加快向应用型转变，实践性教学要占 50% 以上，“双师型”教师也要超过专业课教师总数的 50%。这些具体指标的明确，为深化校企合作，增强产教融合力指明了前进的方向。民办高校作为转型发展的主力军，需要按照文件精神和要求，消除校企深度融合壁垒，努力解决企业实际困难，健全校企合作长效机制，协同推进产教深

度融合，提升企业支持教师专业发展的动力。

第一，发挥政府、企业、学校主体作用，激发校企合作动能。自组织理论认为，耗散结构由许多要素通过非线性相互作用机制形成。非线性体系要求其构成要素必须为三个以上，每个要素本身还应有两个以上组成成分，这样，要素间才能够进行交互作用，[①]并在自组织的作用下，实现向有序化、深层次、高水平演化。深化校企合作，必须充分发挥政府、企业、学校三个子系统的交互作用，政府应推进产教融合的相关政策制定、落实政策实施、督查实施效果；企业作为人才培养的主体之一，要充分发挥资源、技术、育人的支持作用；学校要在人才培养、培训、管理等方面加大投入。同时，政府、企业和学校间要相互协同，进行跨界联合。因此，无论是子系统内部的要素交互，还是子系统间的自组织功能发挥，需要认识到系统的复杂性、非线性、交互性机理，切实增强校企融合力，发挥出教师专业发展动力系统在政企校系统的最优功能。

第二，优化校企合作机制，协同推进产教深度融合。一是建立产教融合型企业认证制度，解决"资源"问题。根据区域经济发展状况，制定企业评选标准，设置分级激励政策，从金融、财政、土地、税收等方面给予不同的激励，并对与民办高校开展相关合作的企业进行适当倾斜，通过针对性强的制度安排统筹政府、企业和学校三方，引导企业主动参与民办高校人才培养。二是完善校企双向互聘机制，解决"人"和"保障"的问题。支持学校、企业高级技术人员、管理人员兼职互聘，完善互聘协议，明确兼职协作目标，配套相应薪酬制度保障，调动企业技术管理专家及民办高校教师参与积极性。三是定期召开产教合作论坛。由政府牵头组织行业、商会、高校参加的区域经济"产教融合发展论坛"，构建协同创新体系，促进校企深度对接，服务地方经济发展。

第三，建立企业支持教师专业发展的长效机制。《国家职业教育改革实施

① 阳泽，杨润勇．自组织：教师专业发展的重要机制［J］．教育研究，2013（10）：95-102.

方案》为企业参与民办高校教师专业能力提升提供了政策保障，有助于调动企业支持教师专业发展的积极性。因此，首先要建立企业接纳民办高校教师挂职锻炼的长效机制。在产教融合型企业内成立相应的管理部门，专门负责与高校对接，与高校协商民办高校教师挂职培训的内容和目标。其次，支持企业建设高水平专业化产教融合实训基地。组织企业开展新工艺、新技术培训，提高民办高校教师实践教学水平；与企业技术人员共同开展科学研究，提高民办高校教师应用研究能力。

三、完善评价与反馈机制，提升社会认可度

优化社会对民办高校教师的评价，对增强民办高校教师从业信心，提升民办高校教师专业发展水平具有积极作用。为此，建议坚持“绩效优先”的原则，完善评价与反馈机制，提升社会对民办高校教师专业发展的支持动力。

第一，关注民办高校教师的专业绩效水平。社会公众及民办高校应聚焦民办高校教师的专业绩效，这不仅有利于调整支持方向，而且有利于教师专业发展。“绩效优先”的目标是以较少的支出获得更多的产出，契合民办高校的组织性质。对于社会公众、行业企业来说，专业绩效水平是判断民办高校教师与外部环境互动、交流、合作时，所表现出来的能力水平与实际效果。民办高校要深入分析、高度关注教师的专业发展水平，为高校决策者提供有效信息，优化管理决策。同时，要激发民办高校教师内在发展动力，提升教学、科研和社会服务水平，更好地回应社会的期望和诉求。关注民办高校教师专业绩效水平，一是建立竞争激励机制。政府部门组织举办面向应用型高校教师的教学、实践能力竞赛，面向学生的各类学科、技能大赛，并借助媒体宣传扩大影响力。二是完善绩效考核评价制度。应对标人才分类管理需求，合理确定教学及科研的比重，制定教学科研等效评价办法，实现民办高校教

师教学科研共同发展，[①] 将考核评价作为促进教师专业发展的驱动力。

第二，建立多元主体共同参与的督导评价机制。《关于深入推进教育管办评分离促进政府职能转变的若干意见》要求扩大高校办学自主权，同时，也提出期望构建政府放权、社会参与和高校自主的新型关系。因此，多元主体共同参与督导评价应从以下方面着手：一是鼓励社会评价机构参与和建立行业企业评价机制。社会评价机构和行业企业参与民办高校及教师的评价，能通过对民办高校办学水平主要指标的客观评价，规范民办高校办学行为，还能通过信息公开提高社会公众对民办高校教师的关注度。二是制定符合民办高校办学特点的评价指标体系，科学客观地评价民办高校教师。考核评价在实践中会产生一种权力机制，[②] 促使民办高校和教师的行为符合考评标准和指标。因此，要充分发挥绩效评价的积极功能，制定有针对性的评价指标，在考核评价的指挥棒作用下形成民办高校的办学特色，用多样性回应环境变化，满足社会公众对高等教育的期待，提升社会对民办高校教师的专业发展支持动力。

第三，注重搭建反馈机制。虽然国家相关政策鼓励社会各界积极参与高校的教学、管理和人才培养，但不同利益相关者在教育参与中具有不同的利益诉求，因此，在绩效考核评价的基础上，要注重搭建反馈机制，尊重多元主体参与教育的价值取向，运用合理的反馈机制进行广泛对话和协商，在互动交流的条件下，达成共识，形成合力。一方面，要完善信息公开制度。通过权威渠道发布民办高校教师队伍结构、教学成果、专业发展水平、应用研究开展情况等信息。另一方面，教师也应参与到评价活动当中，了解评价结果，参与评价讨论，积极面对各项评价活动，变被动为主动，提升教师专业发展内在动力，提高教学、科研水平，获得社会公众的认可和支持。

---

① 虞晓敏．民办高校教师评聘制度变革特征与趋向［J］．高教发展与评估，2016（4）：60-65.

② 操太圣．遭遇问责的高等教育绩效化评价：一个反思性讨论［J］．南京社会科学，2018（10）：129-136.

结 语

本研究以场动力理论和自组织理论为基础，通过问卷调查和深度访谈开展实证研究，深入探讨民办高校教师专业发展的动力问题，提出教师内在动力、组织支持动力和社会支持动力对提升教师专业发展水平的影响，为进一步提高民办高校教师专业发展水平提供思路框架。

研究的主要结论如下：

第一，样本民办高校教师专业发展动力均值为 3.78，换算百分制为 69.5 分。

教师专业发展的内在动力水平在三个一级维度中得分最高，均值为 4.14，教师发展信念较为坚定，发展愿景有待加强；教师专业发展的组织支持动力均值为 3.68，学校在制度支持建设方面仍需完善；教师专业发展的社会支持动力得分最低，均值为 3.58，与公办高校相比，民办高校教师支持力度在政策落实上需加快跟进。

第二，不同人口特征、教育背景、教学经历使民办高校教师动力水平存在显著差异，比如：

中部地区教师专业发展内在动力水平显著高于西部和东部地区教师；兼校部中层领导的教师、兼院系领导的教师专业发展内在动力水平较高，兼辅导员的教师专业发展内在动力水平最低；7—18 年教龄教师专业发展内在动力水平显著高于 4—6 年教龄教师；中级职称教师专业发展内在动力显著低于副高级职称教师和正高级职称教师；税后月收入 4001—7000 元的教师专业发展内在动力水平显著低于 7001 元以上的教师专业发展内在动力水平。西部地区教师专业发展组织支持动力水平显著低于中部地区教师与东部地区教师；兼行政工作的教师、兼院系领导的教师和兼校部中层领导的教师专业发展组织支持动力水平均显著高于专任教师和兼辅导员的教师。西部地区教师专业发展社会支持动力水平显著低于中部地区教师；30 岁以下教师专业发展社会支持动力水平显著高于 41—50 岁教师，51—60 岁教师专业发展社会支持动力水平显著高于 41—50 岁教师。

兼行政工作的教师和兼辅导员的教师专业效标显著低于专任教师和兼院系领导的教师；60 岁以上教师专业效标显著高于 50 岁以下教师；教龄 30 年以上的教师专业发展愿景显著高于教龄不足 18 年的教师；博士研究生学历教师专业发展愿景显著高于其他学历教师，硕士研究生学历教师专业发展愿景显著高于本科及以下学历教师，但显著低于博士研究生学历教师；中级职称教师专业发展愿景显著低于副高级以上职称教师；月收入 7001—10000 元的教师专业发展愿景和专业发展效标显著高于月收入 7000 元以下教师。

西部地区民办高校教师专业发展制度支持和物质支持显著低于中部和东部地区教师；专任教师和兼辅导员的教师制度支持动力显著低于兼行政工作的教师、兼院系领导的教师和兼校部中层领导的教师，专任教师文化支持动力显著低于兼院系领导的教师和兼校部中层领导的教师，专任教师和兼辅导员的教师物质支持动力显著低于兼行政工作的教师、兼院系领导的教师和兼校部中层领导的教师。正高级职称教师制度支持动力显著高于其他职称教师。

中部地区民办高校教师专业发展的行业支持显著高于西部和东部地区的民办高校教师；西部地区民办高校教师专业发展的社会评价显著低于中部地区民办高校教师；专任教师政策支持动力显著低于兼行政工作的教师、兼院系领导的教师和兼校部中层领导的教师，兼辅导员的教师政策支持动力显著低于兼行政工作的教师和兼院系领导的教师；31—50 岁教师专业发展的政策支持显著低于 51 岁以上教师，60 岁以上教师行业支持显著高于 50 岁以下教师；在本校工作 6—10 年的教师专业发展的社会政策支持动力显著低于在本校工作 1—5 年的教师，在本校工作 15 年以上的教师专业发展的社会政策支持动力显著高于在本校工作 6—15 年的教师。

第三，民办高校教师专业发展的内在动力、组织支持动力和社会支持动力的基本逻辑、现状、成因各不相同，需具体问题具体分析。

激发民办高校教师内在动力，需要明确自觉的反思激发着内在动力、较高的效标调动着内在动力、常态的研究孕育着内在动力的低层逻辑。当前，教师专业信念较为坚定，教学效标较易实现，教学的预期成就水平较高，但还存在自觉反思不够、科研效标达成不易、学术研究动能不足的问题，这主要由于民办高校教师专业发展反思意识不强，将意识转化为执行力的动力不足，缺乏开展科学研究的主动性和自觉性，欠缺规范开展科学研究的能力。需要民办高校教师加强专业发展自觉反思，激发内在原动力；建立专业发展自主培养机制，提升教师研究行动力；搭建教师科研能力提升平台，强化学术支撑力。

提升民办高校教师专业发展组织支持动力，需要明晰配套制度释放着组织支持动力、团队建设放大着组织支持动力、资源条件保障着组织支持动力的协同机理。当前，组织支持动力水平的现状为，制度支持力度一般，专业发展氛围较为浓厚，物质资源覆盖面较广，但仍存在专业发展制度体系有待健全、学术团队建设有待加强、教学科研资源保障力度有待加大等问题。这主要由于民办高校办学经费欠缺且教师数量不足；学术带头人欠缺，学术团队工作运行机制不健全；领导认识不足；教学科研资源投入机制不畅。需要健全教师专业发展制度体系，发挥制度导向力；建好学术共同体，融汇文化凝聚力；加大教学科研保障力度，聚合资源支持力。

提升民办高校教师专业发展社会支持动力，时代要求是以政策红利增强社会支持动力、行业支持积蓄社会支持动力、社会认同彰显社会支持动力。当前，教师专业发展的社会支持动力仍存在政策支持获得感不高、政策落实步伐有些迟缓、校企合作有待深化、社会信任度有待提升的问题。这主要由于政策支持存在规模及范围的较大差异，财政扶持不均，同等待遇落实不够；校企合作体制机制不健全，企业缺乏一定信心；民办高校教师同等地位没有得到根本解决，教师的专业水平确有差距。需要提高政策执行效力，强化政策宣导力度；健全企校合作机制，增强产教融合力；完善评价与反馈机制，提升社会认可度。

研究发现，民办高校教师专业发展内在动力与组织支持动力、社会支持动力密切相关，三者相互作用，共同促进教师专业发展动力水平提升。一是从性别、受教育程度、职称三个维度来看，男教师、专科及以下学历教师、中级及以下职称教师专业发展信念水平较低，这与学校文化支持的相关度最高；二是从性别、身份、教龄、受教育程度、职称维度来看，女教师、兼职辅导员、4—18 年教龄教师、本科及以下学历教师、中级及以下职称教师专业发展愿景水平较低，这与民办高校制度支持和文化支持的相关度最高；三是从身份、年龄、受教育程度、职称维度来看，兼职辅导员、30 岁以下年龄教师、本科及以下学历教师、中级及以下职称教师专业发展效标较低，这与学校的文化支持和社会评价密切相关；四是文化支持对教师专业发展内在动力影响最大，其次为社会评价。可以看出，这些问题都和民办高校教师所在的组织和社会环境有着紧密的联系，尤其集中表现在文化支持、制度支持和社会评价三个方面。因此，提升民办高校教师专业发展动力水平，要积极构建政策环境、厘清教师专业发展思路、健全协同共进运行机制、实现教师专业发展目标达成。

第一，政策环境的建设是民办高校教师专业发展动力提升的重要保障。政策环境发展是否良好直接影响着民办高校教师专业发展动力提升的速度和成效。这包括三个层面：一是国家层面。相关教育政策法规的颁布和完善是顶层设计的集中体现，是民办教育发展的制度框架，为地方和高校教师专业发展提供了政策环境。在政策完善过程中，重点是推进民办高等教育教师发展相关政策的落地落实。如，督查各省是否按照国家要求，落实民办高校教师培养培训纳入地方政府的教师发展规划，并给予具体保障；公共财政是否惠及地方民办高校等。二是地方政府层面。要看国家的相关政策是否有效落地，要杜绝地方政府对国家政策和意见“照葫芦画瓢”，缺乏主动思考和作为。地方政府要统筹考虑所辖区域内公、民办高校教师的协同发展，调动区域经济发展的相关资源，深化产教融合，通盘考虑政府、行业、民办高校在促进民办高校教师专业发展中的作用，打通政策阻碍，切实保障国家政策落实到位。三是民办高校层面。要深刻理解国家和地方教育政策意图，制定切实可行的制度办法，认真引导高校教师促进专业发展，为民办高校教师的专业发展创造良好的校内发展环境。

第二，明确思路是民办高校教师专业发展动力提升的基本前提。民办高校教师专业发展动力提升不仅由教师个体决定，也会受组织支持动力和社会支持动力的较大影响。研究发现，文化支持、制度支持和社会评价对教师专业发展动力提升影响更为突出。因此，要厘清阻碍民办高校教师专业发展的问题，首先要加强民办高校教师专业发展自觉，提升教师专业发展的主动性。其次要健全教师专业发展制度体系，充分发挥制度的导向力，引导民办高校教师聚焦自身专业发展，加大专业发展投入力度。然后，持续加大对教师专业发展的资源保障，从经费支持、教学科研仪器设备供给、网络资源提供等方面发力，为教师专业发展提供平台，同时，营造全社会支持民办高校教师专业发展的良好氛围，提振教师安心从教的信心。

第三，协同共进是民办高校教师专业发展动力提升的运行机制。民办高校教师专业发展动力提升需要教师个人、学校组织和社会各界共同参与、相互支持、多点发力。要在相关政策的引领下，将促进教师专业发展动力水平提升贯穿于政策实施的全过程。加强行业企业、社会各界、民办高校和教师的沟通、交流和互动，切实为民办高校教师专业发展解决现实问题。一是健全校企合作体制机制，为行业企业参与民办高校教学质量提升提供政策支持，解决教师参与企业技改、研发等政策壁垒，打通校企深度合作的“最后一公里”。二是教师专业发展动力的真正提升，涉及教师个人的自身利益，需要人社部门、财政部门、民政部门、工商部门等相互支持、协调和配合，形成思想一致、分工协作、齐抓共管、协同共进的工作格局，力促教师专业发展水平的提升。

第四，自我实现是民办高校教师专业发展动力提升的现实目标。民办高校教师专业发展动力水平的提升归根结底是为了教师自我价值的实现。教师自身要在赋能上下功夫，调动自身主观能动性，克服专业发展的畏难情绪，想方设法将发展意识转化为一种自觉行为。教师要主动参与到共同体中，以开放的理念与教育系统内、外开展交流与合作，打消不自信的心理障碍，通过各类活动实现教师间相互促进、共同发展，实现在原有基础上专业能力提升和自我价值实现。

本研究的创新，一是在理论层面，基于场动力理论和自组织理论，尝试构建了民办高校教师专业发展动力的分析框架，提出了提升民办高校教师专业发展动力水平的基本思路，拓展了教师专业发展研究的新视角；二是在方法层面，运用问卷调查、访谈等研究方法，客观分析了民办高校教师专业发展动力的现状和不同教师群体间的差异，剖析了影响教师专业发展动力的内外部因素，力求客观全面地揭示民办高校教师专业发展动力现状；三是在应用层面，针对民办高校教师专业发展动力存在的不足，深入分析内在动力、组织支持动力和社会支持动力不足的观念性、制度性因素，提出针对性策略和建议，为提升民办高校教师专业发展动力水平提供有效支撑。

鉴于研究者的能力和水平有限，本研究尚存在以下两个方面的不足：

一是调查样本量问题。研究者努力尝试各种途径，尽可能获取更多的民办高校教师样本，但由于高校教师群体较难主动填答问卷，虽然多次动员，仍然填答效果不佳，致使东部地区样本量较小；半结构式访谈（座谈会）主要集中在东部和西部地区，中部地区主要以一对一访谈和电话访谈为主，访谈人数偏少。

二是研究设计扩展性问题。本研究旨在揭示民办高校教师内在动力、组织支持动力和社会支持动力协同机制，促进民办高校的教师专业发展动力水平提升。目前研究对象仅是民办高校教师和管理者，并通过学校管理者间接了解相关政府部门、企业、学生家长对教师专业发展的看法和认知，存在局限性。在后续的研究中，将扩大研究对象，扩展研究设计，对教育行政管理部门、行业企业、学生家长进行调研和访谈，尽可能全面、精准呈现民办高校教师专业发展动力的全貌。

针对当前民办高校教师专业发展的现状，需要持续关注民办高校教师专业发展动力问题，通过追踪调查研究，把握民办高校教师专业发展动力水平动态变化。未来研究可立足于以下两方面：

一是继续关注新时代政策背景下教师专业发展动力问题。《中华人民共和国民办教育促进法实施条例》的出台以及过渡期后民办高校营利性和非营利性的选择是否会对民办高校教师专业发展的动力产生影响，有必要持续跟踪关注。

二是集团化办学背景下民办高校教师专业发展问题。当前，集团化办学呈现急速上升趋势，在上市公司集团化办学的背景下，公司所辖民办高校教师与非集团化办学的民办高校教师在专业发展动力水平方面有何异同，是未来进一步探索的领域。

参考文献

一、中文参考文献

专著

[1] 叶澜，白益民，王枬，等. 教师角色与教师发展新探[M]. 北京：教育科学出版社，2001.

[2] 徐延宇. 高校教师发展实践策略研究[M]. 昆明：云南大学出版社，2016.

[3] 教育部师范教育司. 教师专业化的理论与实践[M]. 北京：人民教育出版社，2003.

[4] 朱旭东. 教师专业发展理论研究[M]. 北京：北京师范大学出版社，2011.

[5] 叶浩生. 西方心理学理论与流派[M]. 广州：广东高等教育出版社，2004.

[6] 吴彤. 自组织方法论研究[M]. 北京：清华大学出版社，2001.

[7] 吴明隆. 问卷统计分析实务：SPSS操作与应用[M]. 重庆：重庆大学出版社，2010.

[8] 李文玲，张厚粲，舒华. 教育与心理定量研究方法与统计分析：SPSS实用指导[M]. 北京：北京师范大学出版社，2008.

[9] 彭聃龄. 普通心理学[M]. 北京：北京师范大学出版社，2004.

[10] 勒温. 人格的动力理论[M]. 王思明，叶鸣铉，译. 北京：北京理工大学出版社，2014.

[11] 哈肯. 高等协同学[M]. 郭治安，译. 北京：科学出版社，1989.

[12] 哈肯. 协同学：自然成功的奥秘[M]. 戴鸣钟，译. 上海：上海

科学普及出版社，1988.

［13］尤克赛尔，伊金斯．问卷设计［M］．于洪彦，译．上海：上海人民出版社，2018.

［14］雅思贝尔斯．什么是教育［M］．邹进，译．北京：生活·读书·新知三联书店，1991.

期刊论文

［15］毛建平．民办本科院校向应用技术大学转型的机遇与挑战［J］．黑龙江高教研究，2018（3）：58-61.

［16］阙明坤．民办本科院校向应用技术大学转型的困境与策略：基于全国141所民办本科院校的实证调查［J］．复旦教育论坛，2016，14（2）：79-85.

［17］潘懋元．大学教师发展论纲：理念·内涵·方式·组织·动力［J］．高等教育研究，2017，38（1）：62-65.

［18］王义宁．民办高校教师专业发展自我评价的实证研究：以广东为例［J］．高教探索，2019（5）：95-102.

［19］李方安．论教师自我发展［J］．教育研究，2015（4）：94-99.

［20］李森，崔友兴．论复杂性理论视野下的教师专业发展支持系统［J］．教师教育学报，2015（2）：14-20.

［21］乔桂娟，韩霄．论我国高校教师发展的现实困境与学校支持策略［J］．教师教育论坛，2017（9）：46-51.

［22］肖正德．基于教师发展的教师信念：意蕴阐释与实践建构［J］．教育研究，2013（6）：86-92.

［23］卢乃桂，钟亚妮．国际视野中的教师专业发展［J］．比较教育研究，2006（2）：71-76.

［24］叶玲娟．高校教师专业发展中“内生模式”与“外控模式”的协同效应［J］．江苏高教，2017（4）：65-67.

［25］崔友兴，李森．论教师专业发展动力生成机制及其实践表征［J］．当代教育科学，2015（1）：19－22.

［26］周卫东．新建地方本科院校教师转型发展研究［J］．江苏高教，2018（4）：58－62.

［27］栗新．高校教师发展的美国模式与借鉴意义［J］．江苏高教，2018（1）：52－56.

［28］杜嫱，刘鑫桥．高校教师离职倾向及学术权力感知的作用：基于“2016年全国高校教师发展调查”的实证分析［J］．中国高教研究，2019（9）：48－53.

［29］王蔷馨．新形势下民办高校教学管理“内涵式”发展与思路转变［J］．江苏高教，2015（6）：155－157.

［30］杜志强，欧阳梦琴．我国民办高校教师专业发展之理性审视［J］．教育探索，2012（1）：108－110.

［31］李春燕，林海，袁虎廷，等．推进高校教师专业发展提高教师教育教学能力［J］．中国大学教学，2013（4）：83－85.

［32］景安磊，周海涛．民办学校教师队伍建设改革的法规保障［J］．教育与经济，2018（3）：20－23.

［33］任奉龙．分类管理背景下民办高校发展的现实困境与对策研究：以辽宁省为例［J］．中国高等教育评估，2018（1）：50－54.

［34］徐雄伟．民办高校教师专业发展影响因素的实证研究：以上海为例［J］．教育发展研究，2017（7）：78－84.

［35］杨柳．从民办高校教师流失看其权利保障之完善［J］．江西社会科学，2017（11）：251－256.

［36］闫丽雯，周海涛．民办高校教师职业倦怠水平及影响因素分析［J］．国家教育行政学院学报，2018（2）：76－82.

［37］陆国栋，赵春鱼，颜晖，等．本科院校教师教学竞赛发展现状及模式创新［J］．中国高教研究，2019（1）：86－90.

[38] 朱旭东. 论教师专业发展的理论模型建构 [J]. 教育研究，2014 (6)：81-90.

[39] 王义宁，季六祥. 民办高校教师专业发展的逻辑进路与实践选择 [J]. 教师教育学报，2020 (3)：8-16.

[40] 潘懋元. 大学教师发展与教育质量提升：在第四届高等教育质量国际学术研讨会上的发言 [J]. 深圳大学学报（人文社会科学版），2007 (1)：23-26.

[41] 阳泽，杨润勇. 自组织：教师专业发展的重要机制 [J]. 教育研究，2013 (10)：95-102.

[42] 赵东方. 如何提高普通高等学校辅导员的专业性 [J]. 中国高等教育，2018 (2)：45-47.

[43] 张宏亮，柯柏玲，戴湘竹. 基于卡方检验法的高校辅导员职业倦怠影响因素分析及对策 [J]. 思想政治教育研究，2020 (3)：147-151.

[44] 蔡文伯，任格格. 普通高校专任教师队伍结构对教育发展影响的计量分析：基于 1992—2013 年的时间序列数据 [J]. 现代教育管理，2017 (4)：58-63.

[45] 沈红，熊俊峰. 高校教师薪酬差异的人力资本解释 [J]. 高等教育研究，2013 (9)：23-31.

[46] 何天雄. 民办高校辅导员队伍建设的对策研究：基于民办高校与公办高校比较的视角 [J]. 黑龙江高教研究，2016 (4)：64-67.

[47] 朱伟文，宫新荷. 高等工程教育教师专业能力可持续发展的思考 [J]. 高教发展与评估，2020 (5)：68-76+118.

[48] 张鲜华. 教与研的关联：基于一所普通高校的实证分析 [J]. 高教探索，2017 (10)：5-11.

[49] 俞国良，辛自强. 教师信念及其对教师培养的意义 [J]. 教育研究，2000 (5)：16-20.

[50] 于彦华，陈光. 激发内生动力促进自主发展：地方高校自我导向

型教师教学发展模式建构［J］. 中国大学教学，2018（5）：78-81.

［51］黄海涛. 民办高校新教师专业发展需求特征与策略选择：基于与公办高校的比较［J］. 高等教育研究，2019（5）：57-63.

［52］杨秀芹，戢锐，李婷. 高校青年教师学术生态：危机与平衡［J］. 当代教育科学，2020（2）：37-42.

［53］金劲彪. 科研工作：民办高校内涵式发展的抓手［J］. 教育发展研究，2018（23）：3.

［54］李小燕，查道林. 制度与机制：一流教学和科研团队建设的抓手［J］. 中国高等教育，2018（Z2）：58-59.

［55］刘献君. 论高等学校制度建设［J］. 高等教育研究，2010（3）：32-39.

［56］宋权华，于勇. 高校教师信息技术素养：现状、困境与路径：以我国西部地区部分高校为例［J］. 现代教育技术，2020（10）：78-84.

［57］朱伟文，宫新荷. 高等工程教育教师专业能力可持续发展的思考［J］. 高教发展与评估，2020（5）：68-76+118.

［58］沈筱峰，吴彤，于金龙. 从无组织到有组织，从被组织到自组织［J］. 自然辩证法研究，2013（8）：122-126.

［59］周海涛，景安磊，刘永林. 助力支持和规范民办教育发展［J］. 教育研究，2017（12）：38-41.

［60］虞晓敏. 民办高校教师评聘制度变革特征与趋向［J］. 高教发展与评估，2016（4）：60-65.

［61］操太圣. 遭遇问责的高等教育绩效化评价：一个反思性讨论［J］. 南京社会科学，2018（10）：129-136.

二、外文参考文献

专著

［62］ SORCINELLI M D, AUSTIN A E,EDDY P L,et al. Creating the future of faculty development: learning from the past, understanding the present［M］. Bolton: Anker Publishing Company, Inc. , 2005.

［63］ DARLING-HAMMOND L, LIEBERMAN A. Teacher education around the world: changing policies and practices［M］. London and New York: Routledge. 2012.

［64］ GAFF J G. Toward faculty renewal: advances in faculty, instructional, and organizational development［M］. San Francisco:Jossey-Bass, 1975.

［65］ Haken H. Information and self-organization: a macroscopic approach to complex system［M］. Berlin: Springer-Verlag, 1988.

期刊论文

［66］ SCHMITZ C C, BLAND C J.Characteristics of the successful research and implications for faculty development［J］. Journal of Medical Education, 1986, 61(2): 22-31.

［67］ HUBBARD G T, ATKINS S S. The professor as a person: the role of faculty well-being in faculty development［J］. Innovative Higher Education, 1995, 20(2): 117-128.

［68］ MUSHAYIKWA E, LUBBEN F. Self-directed professional development: hope for teachers working in deprived environments?［J］. Teaching and Teacher Education, 2009, 25(3): 375-382.

［69］ DUYAR I, GUMUS S, BELLIBAS M S. Multilevel analysis

of teacher work attitudes:the influence of principle leadership and teacher collaboration [J] .International Journal of Educational Management, 2013, 27(7): 700-719.

[70] BRODY D, HADAR L. Personal professional trajectories of novice and experienced teacher educators in a professional development community [J] .Teacher Development, 2015, 19(2), 246-266.

[71] DECHA D . The mediating role of organizational embeddedness on the relationship between quality of work life and turnover [J]. International Journal of Manpower, 2017, 38(5): 696-711.

附　录

附录1

附表1 不同地区教师专业发展动力及各维度得分的多重比较分析表

维度	(I)归属地	(J)归属地	均值差(I—J)	维度	(I)归属地	(J)归属地	均值差(I—J)
教师专业发展动力	西部	中部	−0.189*	教师内在动力	西部	中部	−0.163*
		东部	−0.095*			东部	−0.058
	中部	西部	0.189*		中部	西部	0.163*
		东部	0.094*			东部	0.105*
	东部	西部	0.095*		东部	西部	0.584
		中部	−0.094*			中部	−0.105*
组织支持动力	西部	中部	−0.249*	社会支持动力	西部	中部	−0.143*
		东部	−0.176*			东部	−0.035
	中部	西部	0.249*		中部	西部	0.143*
		东部	0.073			东部	0.108
	东部	西部	0.176*		东部	西部	0.035
		中部	−0.073			中部	−0.108

注：* 均值差的显著性水平为 0.05

附录 2

附表 2 不同身份教师专业发展动力及各维度得分的多重比较分析表

维度	(I)身份	(J)身份	均值差(I—J)	维度	(I)身份	(J)身份	均值差(I—J)
教师专业发展动力	专任教师	兼行政工作的教师	—0.093	教师内在动力	专任教师	兼行政工作的教师	0.111*
		兼辅导员的教师	0.096*			兼辅导员的教师	0.193*
		兼院系领导的教师	—0.135*			兼院系领导的教师	—0.043
		兼校部中层领导的教师	—0.182			兼校部中层领导的教师	—0.056
	兼行政工作的教师	专任教师	0.093		兼行政工作的教师	专任教师	—0.111*
		兼辅导员的教师	0.189*			兼辅导员的教师	0.082
		兼院系领导的教师	—0.042			兼院系领导的教师	—0.154*
		兼校部中层领导的教师	—0.089			兼校部中层领导的教师	—0.167
	兼辅导员的教师	专任教师	—0.096*		兼辅导员的教师	专任教师	—0.193*
		兼行政工作的教师	—0.189*			兼行政工作的教师	—0.082
		兼院系领导的教师	—0.231*			兼院系领导的教师	—0.236*
		兼校部中层领导的教师	—0.278*			兼校部中层领导的教师	—0.249*
	兼院系领导的教师	专任教师	0.135*		兼院系领导的教师	专任教师	0.043
		兼行政工作的教师	0.042			兼行政工作的教师	0.154*
		兼辅导员的教师	0.231*			兼辅导员的教师	0.236*
		兼校部中层领导的教师	—0.048			兼校部中层领导的教师	—0.013
	兼校部中层领导的教师	专任教师	0.182		兼校部中层领导的教师	专任教师	0.056
		兼行政工作的教师	0.089			兼行政工作的教师	0.167
		兼辅导员的教师	0.278*			兼辅导员的教师	0.249*
		兼院系领导的教师	0.048			兼院系领导的教师	0.013
	专任教师	兼行政工作的教师	—0.156*		专任教师	兼行政工作的教师	—0.202*
		兼辅导员的教师	0.088			兼辅导员的教师	0.020
		兼院系领导的教师	—0.226*			兼院系领导的教师	—0.113
		兼校部中层领导的教师	—0.355*			兼校部中层领导的教师	0.100
	兼行政工作的教师	专任教师	0.155*		兼行政工作的教师	专任教师	0.202*
		兼辅导员的教师	0.243*			兼辅导员的教师	0.222*
		兼院系领导的教师	—0.070			兼院系领导的教师	0.089
		兼校部中层领导的教师	—0.200			兼校部中层领导的教师	0.103

续表

维度	(I)身份	(J)身份	均值差(I—J)	维度	(I)身份	(J)身份	均值差(I—J)
组织支持动力	兼辅导员的教师	专任教师	—0.088	社会支持动力	兼辅导员的教师	专任教师	—0.020
		兼行政工作的教师	—0.243*			兼行政工作的教师	—0.222*
		兼院系领导的教师	—0.313*			兼院系领导的教师	—0.133
		兼校部中层领导的教师	—0.443*			兼校部中层领导的教师	—0.119
	兼院系领导的教师	专任教师	0.226*		兼院系领导的教师	专任教师	0.113
		兼行政工作的教师	0.070			兼行政工作的教师	—0.089
		兼辅导员的教师	0.313*			兼辅导员的教师	0.133
		兼校部中层领导的教师	—0.129			兼校部中层领导的教师	0.014
	兼校部中层领导的教师	专任教师	0.355*		兼校部中层领导的教师	专任教师	0.099
		兼行政工作的教师	0.299			兼行政工作的教师	—0.103
		兼辅导员的教师	0.443*			兼辅导员的教师	0.119
		兼院系领导的教师	0.129			兼院系领导的教师	—0.014

注：* 均值差的显著性水平为 0.05

附录 3

附表 3　不同年龄教师专业发展动力及各维度得分的多重比较分析表

维度	(I)年龄	(J)年龄	均值差(I—J)	维度	(I)年龄	(J)年龄	均值差(I—J)
教师专业发展动力	30 岁以下	31—35 岁	0.022	教师内在动力	30 岁以下	31—35 岁	—0.003
		36—40 岁	0.002			36—40 岁	—0.039
		41—50 岁	0.054			41—50 岁	—0.031
		51—60 岁	—0.080			51—60 岁	—0.031
		60 岁以上	—0.226*			60 岁以上	—0.213*
	31—35 岁	30 岁以下	—0.023		31—35 岁	30 岁以下	0.003
		36—40 岁	—0.021			36—40 岁	—0.036
		41—50 岁	0.030			41—50 岁	—0.028
		51—60 岁	—0.103			51—60 岁	—0.028
		60 岁以上	—0.249*			60 岁以上	—0.210*

续表

维度	（I）年龄	（J）年龄	均值差（I—J）	维度	（I）年龄	（J）年龄	均值差（I—J）
教师专业发展动力	36—40岁	30岁以下	-0.002	教师内在动力	36—40岁	30岁以下	0.039
		31—35岁	0.021			31—35岁	0.036
		41—50岁	0.052			41—50岁	0.008
		51—60岁	-0.082			51—60岁	0.009
		60岁以上	-0.228*			60岁以上	-0.174*
	41—50岁	30岁以下	-0.054		41—50岁	30岁以下	0.031
		31—35岁	-0.031			31—35岁	0.028
		36—40岁	-0.052			36—40岁	-0.008
		51—60岁	-0.134			51—60岁	-0.000
		60岁以上	-0.280*			60岁以上	-0.182*
	51—60岁	30岁以下	0.080		51—60岁	30岁以下	0.031
		31—35岁	0.103			31—35岁	0.028
		36—40岁	0.082			36—40岁	-0.009
		41—50岁	0.134			41—50岁	-0.000
		60岁以上	-0.146			60岁以上	-0.183*
	60岁以上	30岁以下	0.226*		60岁以上	30岁以下	0.213*
		31—35岁	0.249*			31—35岁	0.210*
		36—40岁	0.228*			36—40岁	0.174*
		41—50岁	0.280*			41—50岁	0.182*
		51—60岁	0.146			51—60岁	0.183*
组织支持动力	30岁以下	31—35岁	0.010	社会支持动力	30岁以下	31—35岁	0.059
		36—40岁	-0.029			36—40岁	0.072
		41—50岁	0.005			41—50岁	0.182*
		51—60岁	-0.104			51—60岁	-0.097
		60岁以上	-0.236*			60岁以上	-0.226*

续表

维度	（I）年龄	（J）年龄	均值差（I—J）
组织支持动力	31—35 岁	30 岁以下	−0.010
		36—40 岁	−0.040
		41—50 岁	−0.005
		51—60 岁	−1.115
		60 岁以上	−0.247*
	36—40 岁	30 岁以下	0.029
		3—35 岁	0.040
		41—50 岁	0.035
		51—60 岁	−0.075
		60 岁以上	−0.207*
	41—50 岁	30 岁以下	−0.005
		31—35 岁	0.005
		36—40 岁	−0.035
		51—60 岁	−0.109
		60 岁以上	−0.241*
	51—60 岁	30 岁以下	0.104
		31—35 岁	0.115
		36—40 岁	0.075
		41—50 岁	0.109
		60 岁以上	−0.132
	60 岁以上	30 岁以下	0.236*
		31—35 岁	0.247*
		36—40 岁	0.207*
		41—50 岁	0.241*
		51—60 岁	0.132
社会支持动力	31—35 岁	30 岁以下	−0.059
		36—40 岁	0.013
		41—50 岁	0.123
		51—60 岁	−0.156
		60 岁以上	−0.285*
	36—40 岁	30 岁以下	−0.072
		31—35 岁	−0.013
		41—50 岁	0.110
		51—60 岁	−0.170
		60 岁以上	−0.298*
	41—50 岁	30 岁以下	−0.182*
		31—35 岁	−0.123
		36—40 岁	−0.110
		51—60 岁	−0.279*
		60 岁以上	−0.408*
	51—60 岁	30 岁以下	0.097
		31—35 岁	0.156
		36—40 岁	0.169
		41—50 岁	0.279*
		60 岁以上	−0.129
	60 岁以上	30 岁以下	0.226*
		31—35 岁	0.285*
		36—40 岁	0.298*
		41—50 岁	0.408*
		51—60 岁	0.129

注：* 均值差的显著性水平为 0.05

附录 4

附表 4 不同教龄教师专业发展动力及各维度得分的多重比较分析表

维度	（I）教龄	（J）教龄	均值差（I—J）	维度	（I）教龄	（J）教龄	均值差（I—J）
教师专业发展动力	1—3 年	4—6 年	0.033	教师内在动力	1—3 年	4—6 年	0.039
		7—18 年	0.008			7—18 年	−0.036
		19—30 年	−0.063			19—30 年	−0.107
		30 年以上	−0.150*			30 年以上	−0.147*
	4—6 年	1—3 年	−0.033		4—6 年	1—3 年	−0.039
		7—18 年	−0.025			7—18 年	−0.074*
		19—30 年	−0.096			19—30 年	−0.145
		30 年以上	−0.183*			30 年以上	−0.186*
	7—18 年	1—3 年	−0.008		7—18 年	1—3 年	0.036
		4—6 年	0.025			4—6 年	0.074*
		19—30 年	−0.071			19—30 年	−0.071
		30 年以上	−0.158*			30 年以上	−0.111*
	19—30 年	1—3 年	0.063		19—30 年	1—3 年	0.107
		4—6 年	0.096			4—6 年	0.145
		7—18 年	0.071			7—18 年	0.071
		30 年以上	−0.087			30 年以上	−0.040
	30 年以上	1—3 年	0.150*		30 年以上	1—3 年	0.147*
		4—6 年	0.183*			4—6 年	0.186*
		7—18 年	0.158*			7—18 年	0.111*
		19—30 年	0.087			19—30 年	0.040
组织支持动力	1—3 年	4—6 年	0.004	社会支持动力	1—3 年	4—6 年	0.061
		7—18 年	−0.010			7—18 年	0.067
		19—30 年	−0.083			19—30 年	−0.001
		30 年以上	−0.147			30 年以上	−0.156

续表

维度	(I)教龄	(J)教龄	均值差(I—J)	维度	(I)教龄	(J)教龄	均值差(I—J)
组织支持动力	4—6年	1—3年	−0.004	社会支持动力	4—6年	1—3年	−0.061
		7—18年	−0.014			7—18年	0.006
		19—30年	−0.087			19—30年	−0.062
		30年以上	−0.151			30年以上	−0.217*
	7—18年	1—3年	0.010		7—18年	1—3年	−0.067
		4—6年	0.014			4—6年	−0.006
		19—30年	−0.073			19—30年	−0.068
		30年以上	−0.137			30年以上	−0.223*
	19—30年	1—3年	0.083		19—30年	1—3年	0.001
		4—6年	0.087			4—6年	0.062
		7—18年	0.732			7—18年	0.068
		30年以上	−0.064			30年以上	−0.155
	30年以上	1—3年	0.147		30年以上	1—3年	0.156
		4—6年	0.151			4—6年	0.217*
		7—18年	0.137			7—18年	0.223*
		19—30年	0.064			19—30年	0.155

注：* 均值差的显著性水平为 0.05

附录 5

附表 5 在本校不同工作年限教师专业发展动力及各维度得分的多重比较分析表

维度	(I)工作年限	(J)工作年限	均值差(I—J)	维度	(I)工作年限	(J)工作年限	均值差(I—J)
教师专业发展动力	1—5年	6—10年	−0.339	教师内在动力	1—5年	6—10年	−0.015
		11—15年	−0.299			11—15年	0.038
		15年以上	−0.308			15年以上	0.012

续表

维度	（I）工作年限	（J）工作年限	均值差（I—J）	维度	（I）工作年限	（J）工作年限	均值差（I—J）
教师专业发展动力	6—10 年	1—5 年 11—15 年 15 年以上	0.339 0.040 0.031	教师内在动力	6—10 年	1—5 年 11—15 年 15 年以上	0.015 0.053 0.027
	11—15 年	1—5 年 6—10 年 15 年以上	0.299 −0.040 −0.009		11—15 年	1—5 年 6—10 年 15 年以上	−0.038 −0.053 −0.026
	15 年以上	1—5 年 5—10 年 11—15 年	0.308 −0.031 0.009		15 年以上	1—5 年 5—10 年 11—15 年	−0.012 −0.027 0.026
组织支持动力	1—5 年	6—10 年 11—15 年 15 年以上	0.050 −0.022 −0.098	社会支持动力	1—5 年	6—10 年 11—15 年 15 年以上	0.109* 0.053 −0.098
	6—10 年	1—5 年 11—15 年 15 年以上	−0.050 −0.073 −0.149		6—10 年	1—5 年 11—15 年 15 年以上	−0.109* −0.056 −0.208*
	11—15 年	1—5 年 6—10 年 15 年以上	0.022 0.073 −0.076		11—15 年	1—5 年 6—10 年 15 年以上	−0.053 0.056 −0.152
	15 年以上	1—5 年 5—10 年 11—15 年	0.098 0.149 0.076		15 年以上	1—5 年 5—10 年 11—15 年	0.098 0.208* 0.152

注：* 均值差的显著性水平为 0.05

附录 6

附表 6　不同受教育程度教师专业发展动力及各维度得分的多重比较分析表

维度	（I）受教育程度	（J）受教育程度	均值差（I—J）	维度	（I）受教育程度	（J）受教育程度	均值差（I—J）
教师专业发展动力	专科及以下	本科	0.051	教师内在动力	专科及以下	本科	−0.351*
		硕士	0.021			硕士	−0.420*
		博士及以上	−0.066			博士及以上	−0.592*
	本科	专科及以下	−0.051		本科	专科及以下	0.351*
		硕士	−0.030			硕士	−0.069*
		博士及以上	−0.117			博士及以上	−0.240*
	硕士	专科及以下	−0.021		硕士	专科及以下	0.420*
		本科	0.030			本科	0.069*
		博士及以上	−0.087			博士及以上	−0.171*
	博士及以上	专科及以下	0.066		博士及以上	专科及以下	0.592*
		本科	0.117			本科	0.240*
		硕士	0.087			硕士	0.171*
组织支持动力	专科及以下	本科	−0.184	社会支持动力	专科及以下	本科	−0.503*
		硕士	−0.135			硕士	0.377
		博士及以上	−0.105			博士及以上	−0.288
	本科	专科及以下	0.184		本科	专科及以下	0.503*
		硕士	0.050			硕士	0.126*
		博士及以上	0.079			博士及以上	0.215
	硕士	专科及以下	0.135		硕士	专科及以下	0.377
		本科	−0.049			本科	−0.126*
		博士及以上	0.030			博士及以上	0.090
	博士及以上	专科及以下	0.105		博士及以上	专科及以下	0.288
		本科	−0.079			本科	−0.215
		硕士	−0.030			硕士	−0.090

注：* 均值差的显著性水平为 0.05

附录 7

附表 7　不同职称教师专业发展动力及各维度得分的多重比较分析表

维度	(I)职称	(J)职称	均值差(I—J)	维度	(I)职称	(J)职称	均值差(I—J)
教师专业发展动力	无	初级	0.026	教师内在动力	无	初级	−0.033
		中级	0.027			中级	−0.045
		副高级	−0.028			副高级	−0.126*
		正高级	−0.239*			正高级	−0.326*
	初级	无	−0.026		初级	无	0.033
		中级	0.000			中级	−0.011
		副高级	−0.055			副高级	−0.093*
		正高级	−0.266*			正高级	−0.293*
	中级	无	−0.027		中级	无	0.045
		初级	−0.000			初级	0.011
		副高级	−0.055			副高级	−0.081*
		正高级	−0.266*			正高级	−0.282*
	副高级	无	0.028		副高级	无	0.126*
		初级	0.055			初级	0.093*
		中级	0.055			中级	0.081*
		正高级	−0.211*			正高级	−0.200*
	正高级	无	0.239*		正高级	无	0.326*
		初级	0.266*			初级	0.293*
		中级	0.266*			中级	0.282*
		副高级	0.211*			副高级	0.200*

续表

维度	（I）职称	（J）职称	均值差（I—J）	维度	（I）职称	（J）职称	均值差（I—J）
组织支持动力	无	初级	0.016	社会支持动力	无	初级	0.091
		中级	−0.002			中级	0.122*
		副高级	−0.067			副高级	0.101
		正高级	−0.225*			正高级	−0.179
	初级	无	−0.016		初级	无	−0.091
		中级	−0.018			中级	−0.031
		副高级	−0.093			副高级	0.010
		正高级	−0.241*			正高级	−0.270*
	中级	无	0.002		中级	无	−0.122*
		初级	0.018			初级	−0.031
		副高级	−0.065			副高级	−0.021
		正高级	−0.223*			正高级	−0.301*
	副高级	无	0.067		副高级	无	−0.101
		初级	0.083			初级	−0.010
		中级	0.065			中级	0.021
		正高级	−0.158			正高级	−0.280*
	正高级	无	0.225*		正高级	无	0.179
		初级	0.241*			初级	0.270*
		中级	0.223*			中级	0.301*
		副高级	0.158			副高级	0.280*

注：* 均值差的显著性水平为 0.05

附录 8

附表 8　本学期承担不同课程门数教师专业发展动力及各维度得分的多重比较分析表

维度	(I)学期承担课程门数	(J)学期承担课程门数	均值差(I—J)
教师专业发展动力	0 门	1 门	−0.063
		2 门	−0.010
		3 门	0.026
		4 门及以上	−0.011
	1 门	0 门	0.063
		2 门	0.052
		3 门	0.089*
		4 门及以上	0.051
	2 门	0 门	0.010
		1 门	−0.052
		3 门	0.037
		4 门及以上	−0.001
	3 门	0 门	−0.026
		1 门	−0.089*
		2 门	−0.037
		4 门及以上	−0.038
	4 门及以上	0 门	0.011
		1 门	−0.051
		2 门	0.001
		3 门	0.038
教师内在动力	0 门	1 门	−0.193*
		2 门	−0.201*
		3 门	−0.218*
		4 门及以上	−0.334*
	1 门	0 门	0.193*
		2 门	−0.008
		3 门	−0.025
		4 门及以上	−0.141*
	2 门	0 门	0.201*
		1 门	0.008
		3 门	−0.017
		4 门及以上	−0.133*
	3 门	0 门	0.218*
		1 门	0.025
		2 门	0.017
		4 门及以上	−0.116
	4 门及以上	0 门	0.334*
		1 门	0.141*
		2 门	0.133*
		3 门	0.116

续表

维度	（I）学期承担课程门数	（J）学期承担课程门数	均值差（I—J）	维度	（I）学期承担课程门数	（J）学期承担课程门数	均值差（I—J）
组织支持动力	0 门	1 门	−0.008	社会支持动力	0 门	1 门	−0.010
		2 门	0.069			2 门	0.067
		3 门	0.109			3 门	0.147*
		4 门及以上	0.134			4 门及以上	0.107
	1 门	0 门	0.008		1 门	0 门	0.010
		2 门	0.077*			2 门	0.077*
		3 门	0.117*			3 门	0.157*
		4 门及以上	0.142			4 门及以上	0.117
	2 门	0 门	−0.069		2 门	0 门	−0.067
		1 门	−0.077*			1 门	−0.077*
		3 门	0.040			3 门	0.080
		4 门及以上	0.065			4 门及以上	0.039
	3 门	0 门	−0.109		3 门	0 门	−0.147*
		1 门	−0.117*			1 门	−0.157*
		2 门	−0.040			2 门	−0.080
		4 门及以上	0.025			4 门及以上	−0.040
	4 门及以上	0 门	−0.134		4 门及以上	0 门	−0.107
		1 门	−0.142			1 门	−0.117
		2 门	−0.065			2 门	−0.039
		3 门	−0.025			3 门	0.040

注：* 均值差的显著性水平为 0.05

附录 9

附表 9　不同周授课学时数教师专业发展动力及各维度得分的多重比较分析表

维度	（I）周授课学时数	（J）周授课学时数	均值差（I—J）
教师专业发展动力	0 学时	1—9 学时	−0.046
		10—15 学时	−0.001
		16—30 学时	0.031
		30 学时以上	−0.148*
	1—9 学时	0 学时	0.046
		10—15 学时	0.045
		16—30 学时	0.077
		30 学时以上	−0.101
	10—15 学时	0 学时	0.001
		1—9 学时	−0.045
		16—30 学时	0.032
		30 学时以上	−0.147*
	16—30 学时	0 学时	−0.031
		1—9 学时	−0.077
		10—15 学时	−0.032
		30 学时以上	−0.179*
	30 学时以上	0 学时	0.148*
		1—9 学时	0.101
		10—15 学时	0.147*
		30 学时以上	0.179*
教师内在动力	0 学时	1—9 学时	−0.194*
		10—15 学时	−0.198*
		16—30 学时	−0.171*
		30 学时以上	−0.300*
	1—9 学时	0 学时	0.194*
		10—15 学时	−0.003
		16—30 学时	0.023
		30 学时以上	−0.106
	10—15 学时	0 学时	0.198*
		1—9 学时	0.004
		16—30 学时	0.027
		30 学时以上	−0.102
	16—30 学时	0 学时	0.171*
		1—9 学时	−0.023
		10—15 学时	−0.027
		30 学时以上	−0.129*
	30 学时以上	0 学时	0.300*
		1—9 学时	0.106
		10—15 学时	0.102
		30 学时以上	0.129*

续表

维度	（I）周授课学时数	（J）周授课学时数	均值差（I—J）
组织支持动力	0 学时	1—9 学时	0.016
		10—15 学时	0.063
		16—30 学时	0.156*
		30 学时以上	−0.053
	1—9 学时	0 学时	−0.016
		10—15 学时	0.046
		16—30 学时	0.140*
		30 学时以上	−0.069
	10—15 学时	0 学时	−0.063
		1—9 学时	−0.046
		16—30 学时	0.094*
		30 学时以上	−0.115
	16—30 学时	0 学时	−0.156*
		1—9 学时	−0.140*
		10—15 学时	−0.094*
		30 学时以上	−0.209*
	30 学时以上	0 学时	0.053
		1—9 学时	0.069
		10—15 学时	0.115
		16—30 学时	0.209*
社会支持动力	0 学时	1—9 学时	0.013
		10—15 学时	0.100
		16—30 学时	0.067
		30 学时以上	−0.121
	1—9 学时	0 学时	−0.013
		10—15 学时	0.087*
		16—30 学时	0.054
		30 学时以上	−0.134
	10—15 学时	0 学时	−0.100
		1—9 学时	−0.087*
		16—30 学时	−0.033
		30 学时以上	−0.221*
	16—30 学时	0 学时	−0.067
		1—9 学时	−0.054
		10—15 学时	0.033
		30 学时以上	−0.188*
	30 学时以上	0 学时	0.121
		1—9 学时	0.134
		10—15 学时	0.221*
		16—30 学时	0.188*

注：* 均值差的显著性水平为 0.05

附录 10

附表 10　不同税后月收入教师专业发展动力及各维度得分的多重比较分析表

维度	（I）税后月收入	（J）税后月收入	均值差（I—J）	维度	（I）税后月收入	（J）税后月收入	均值差（I—J）
教师专业发展动力	4000 元以下	4001—7000 元	−0.052*	教师内在动力	4000 元以下	4001—7000 元	−0.039
		7001—10000 元	−0.140*			7001—10000 元	−0.170*
		10000 元以上	−0.318*			10000 元以上	−0.323*
	4001—7000 元	4000 元以下	0.052*		4001—7000 元	4000 元以下	0.039
		7001—10000 元	−0.088*			7001—10000 元	−0.131*
		10000 元以上	−0.266*			10000 元以上	−0.284*
	7001—10000 元	4000 元以下	0.140*		7001—10000 元	4000 元以下	0.170*
		4001—7000 元	0.088*			4001—7000 元	0.131*
		10000 元以上	−0.178			10000 元以上	−0.153
	10000 元以上	4000 元以下	0.318*		10000 元以上	4000 元以下	0.323*
		4001—7000 元	0.266			4001—7000 元	0.284*
		7001—10000 元	0.178			7001—10000 元	0.153
组织支持动力	4000 元以下	4001—7000 元	−0.086*	社会支持动力	4000 元以下	4001—7000 元	−0.026
		7001—10000 元	−0.173*			7001—10000 元	−0.076
		10000 元以上	−0.415*			10000 元以上	−0.204
	4001—7000 元	4000 元以下	0.086*		4001—7000 元	4000 元以下	0.026
		7001—10000 元	−0.087			7001—10000 元	−0.051
		10000 元以上	−0.329			10000 元以上	−0.178
	7001—10000 元	4000 元以下	0.173*		7001—10000 元	4000 元以下	0.076
		4001—7000 元	0.087			4001—7000 元	0.051
		10000 元以上	−0.242			10000 元以上	−0.128
	10000 元以上	4000 元以下	0.415*		10000 元以上	4000 元以下	0.204
		4001—7000 元	0.329			4001—7000 元	0.178
		7001—10000 元	0.242			7001—10000 元	0.128

注：* 均值差的显著性水平为 0.05

附录 11

民办高校教师专业发展的动力调查问卷

尊敬的各位同仁：

您好！

这是一份有关民办高校教师专业发展动力的问卷。调查将为我国民办高校教师队伍建设及教师专业发展工作提供支持。感谢您的支持和帮助！

北京师范大学中国民办教育研究院

2018 年 9 月

一、基本信息（请在适当的□内打“√”）

1. 学校位置：______省（自治区、直辖市）学校
2. 学校层次（以最高层次为准）：□专科　□本科
3. 性别：□男　□女
4. 身份：□专任教师　□兼行政工作的教师　□兼辅导员的教师　□兼院系领导的教师　□兼校部中层领导的教师
5. 年龄：□ 30 岁以下　□ 31—35 岁　□ 36—40 岁　□ 41—50 岁　□ 51—60 岁　□ 60 岁以上
6. 教龄：□ 1—3 年　□ 4—6 年　□ 7—18 年　□ 19—30 年　□ 30 年以上
7. 本校工作年限：□ 1—5 年　□ 6—10 年　□ 11—15 年　□ 15 年以上
8. 受教育程度：□专科及以下　□本科　□硕士　□博士及以上
9. 职称：□无　□初级　□中级　□副高级　□正高级
10. 学期承担课程门数：□ 0 门　□ 1 门　□ 2 门　□ 3 门　□ 4 门及以上

11. 学期周授课学时数：

☐ 0 学时　☐ 10 学时以下　☐ 10—15 学时　☐ 16—30 学时

☐ 30 学时以上

12. 税后月收入：☐ 4000 元以下　☐ 4001—7000 元

☐ 7001—10000 元　☐ 10000 元以上

二、请根据您的真实情况和个人想法在您认为最合适的选项上打“√”

序号	题目	极不符合	不符合	中立	符合	极为符合
1	热爱教师工作					
2	崇尚重教爱生					
3	坚信师生间教学相长、合作互助					
4	追求终身学习					
5	能成为本领域教学名师					
6	能承担高级别研究课题					
7	能撰写或发表高水平论文					
8	能为企事业单位提供智力服务					
9	能帮助学生运用所学知识发现和解决问题					
10	掌握本学科专业知识					
11	熟悉教学技能和教学方法					
12	熟练运用现代教育技术					
13	把握专业领域前沿知识和动态					
14	达到科学研究的基本要求					
15	有自主学习和科研的时间					

续表

序号	题目	极不符合	不符合	中立	符合	极为符合
16	有专项教学科研经费					
17	有为教师发展提供支持的组织机构					
18	有合理的教学科研评价制度					
19	有针对性强的专业化培训					
20	同事间经常开展教学观摩、专业研讨					
21	同事间推崇教学科研领军人物					
22	领导支持教学科研改进、创新					
23	学校提供教学、科研团队建设支撑					
24	有职称晋升渠道					
25	工作环境舒适					
26	学校图书、期刊资源丰富					
27	校园网络资源设施先进、便捷					
28	教学科研仪器设备先进、易用					
29	办公条件满足教师专业发展需求					
30	薪酬福利、社会保险、公积金等有保障					
31	学校营造积极向上的学术氛围					
32	学校关心教师专业发展					
33	享有与公办高校教师同等参加师资培训的权利和机会					
34	享有与公办高校教师同等参与教学科研项目申报立项的权利和机会					

续表

序号	题目	极不符合	不符合	中立	符合	极为符合
35	享有与公办高校教师同等参加学术交流研讨的机会					
36	享有与公办高校教师同等参加各类评奖评优的机会					
37	享有支持民办高校教师专业发展的政策优待					
38	行业企业愿意提供教师实践锻炼的场所					
39	行业企业专家能够指导教师提升实践能力					
40	行业企业提供教师专业发展的实践项目					
41	行业企业提供教师专业发展的制度保障					
42	行业企业支持教师专业发展					
43	媒体客观报道民办高校和教师					
44	社会组织、协会等第三方机构关注民办高校教师专业发展					
45	社会公众信任民办高校教师					
46	用人单位认可学生专业知识水平和技能					
47	用人单位认可教师教学内容与企业岗位要求的一致性					
48	用人单位认可教师教学水平					

附录 12

民办高校教师专业发展动力访谈提纲

1. 您认为贵校教师专业发展整体状况如何？有哪些有效举措和经验？有哪些挑战和困难？

2. 您认为教师专业发展的个体动力来自哪些方面？有哪些阻碍因素？

3. 您认为学校、院系在教师专业发展中发挥什么作用？如何进一步改进？

4. 您认为民办高校教师专业发展的政策瓶颈有哪些？有什么建议？

5. 您认为行业企业在教师专业发展中发挥什么作用？如何进一步加强？

后 记

校对完书稿的最后一页，思绪万千，个中滋味只有自己最清楚。书稿是在本人博士论文的基础上修改的，回想这一路走来的风风雨雨，过往的一幕幕在脑海中不停地闪现，双眼已满含泪水，其中有彷徨、无助，更多的是喜悦和感恩！

六年半的读博生涯，漫漫长路。现在仍然清晰地记得收到博士录取通知书时内心的那份惊喜和雀跃！但博士应该怎么读当时并没有考虑清楚，想当然地以为只要认真上课、完成作业和课程论文、学位论文等应该也没有太大的难度，顺利读下来肯定没问题。后来才知道当初的自己想得太简单了！学习过程中，我才逐渐明白与目标差距还很大，想要顺利毕业，需要补的功课还很多！做学术研究时，总是感慨自己悟性不足、进步太慢，每当灰心丧气的时候，脑海中就回荡着周海涛老师鼓励的话语，“没关系，不急，慢慢来……”于是，一次又一次，我坚定了继续努力的信心！

周海涛老师是我学术研究的引路人和筑梦人，他是我在北师大攻读硕士学位时《院校治理》课程的授课教师。周老师温文尔雅、春风化雨般的授课风格给我留下了深刻的印象。毕业三年后，出于调整工作状态和改变现状的考虑，我萌生了读博的念头。了解到我的报考方向与周老师的研究方向比较契合，我壮着胆子给周老师发了一封邮件，没想到很快就收到了周老师的回信，周老师的鼓励和支持使我充满了动力和感激。2013 年我报考了教育博士，并于次年顺利通过了入学考试，有幸成为周老师的学生。如今的我，回想我的整个学生生涯，遇到周老师、成为周老师的学生，是我最大的福气和幸事！

感谢教育学部的各位老师，使我在学习中获益颇丰。感谢老校长钟秉林教授在我博士论文开题、预答辩时给予的精心指导，在我工作中给予的鼓励和支持！感谢高等教育研究院的洪成文老师、李奇老师、杜瑞军老师、方芳老师对我的博士论文提出很多可行的意见和建议，为我的论文修改指明了方向。感谢朱志勇老师、马建生老师、郑新蓉老师、褚宏启老师、毛亚庆老师、鲍传友老师、温红博老师等在博士课程教学中给予的教育理论和现实问题的思考，引导我不断加强教育理论知识的学习和研究。

感谢同门师兄、师姐、师弟、师妹们的关心和帮助，能在这个大家庭中与你们共同学习、共同进步，是我最大的快乐。感恩这几年来遇到的每一位同学，是你们的优秀，让我向着你们的方向不懈努力，勇敢前行。感谢安磊，在读博的这六年半里，从课题组项目进展、课题研究困难帮助、博士论文写作思路、博士论文修改等方面给予我源源不断的支持和帮助。感谢丽雯，在第二次脱产的一年时间里，我们经常一起谈天说地，聊论文写作，一起吃饭，一起散步，给枯燥的学习生活增添了不少欢声笑语。感谢少杰，在我读博阶段经常通过电话送来关心和慰问，无论再忙再累都彼此牵挂、心怀惦念。感谢李虔、墨涵、玉成、永林、二榕、万山、珊珊、晶晶、苑伶、淑超、倩倩、丽朦，有他们在，让我在师大充满无限的回忆和温情。同门情谊，永驻心间！感谢博士同班同学谢文婷、胡振中、阙勇平、张德兰、李胜机、宁立新、李晓琦、高建华、王殿复、赵献梓、孙英红、殷均平、郭勇、常雪亮、孙英红、苏虹，庆幸与他们相遇师大，一起互相督促、共同进步。

感谢银川能源学院的领导和同事。感谢赵平校长，在工作之余，全力支持我完成博士论文。赵校长的一句“你飞过，我心安”温暖我心！感谢赵春光书记、吴玉聪理事长，在我修改博士论文的最后阶段，告诉我“这件事是最重要的事情，一切为修改论文让路”，让我放下工作、安心修改、全力以赴！感谢王伟博士，在学业上不断鼓励我、鞭策我，让我坚持不懈、持续精进、不要灰心气馁！感谢我的同事们，崔艳红、魏新宇、戴学霞、王盛举、祁小菊、王同明、周楠，他们全力做好人事处和教师教学发展中心的工作，为我专心修改论文做好保障。

感谢我的家人。感谢我的父母，一直以来给予我最无私、最伟大的爱，你们的理解和支持是我不断努力的原动力，是我力量的源泉！养育之恩，无法回报，你们永远健康快乐是我最大的心愿！感谢我的姐姐、姐夫、妹妹、妹夫，每次赴京学习都为我提供一切便利条件，给予我最贴心的关怀，让我安心学习。感谢我的公婆，读博时，婆婆经常帮我打扫卫生，做饭洗碗。师大学习期间，是你们让我安心学业，帮我把儿子照顾得很好，我才能心无旁骛、安心求学，希望你们永远安康！感谢与我相知相守二十年的爱人曲劲光，一直以来，我都忙得顾不上家，曲先生无怨无悔。读博六年半，你是我坚强的后盾，你的默默支持和无私奉献支撑着我一直前行，你肩负起所有家务，为我撑起一片天空，让我无忧无虑地追逐梦想，有你是我一生最大的幸福！感谢我的儿子曲奕同，贴心懂事，让妈妈安心学业，要求妈妈学习之余照顾好身体、加强锻炼，你的关心和鼓励让妈妈无比幸福。

感恩这么多年来所有的“遇见”，正是你们，使我成长，使我能向着更优秀的方向前进。

在本书成书过程中，还得到湖北教育出版社学术文化编辑部同志给予的支持、鼓励和帮助，他们对书稿认真、负责的态度和敬业精神让我感动，在此深表感谢！

马艳丽

2022 年 1 月 10 日